토픽 II 읽기,
전략으로 끝!

토픽 II 읽기, 전략으로 끝!

발행일 1판 1쇄 2024년 4월 30일

지은이 성하춘
펴낸이 박영호
기획팀 송인성, 김선명, 김선호
편집팀 박우진, 김영주, 김정아, 최미라, 전혜련, 박미나
관리팀 임선희, 정철호, 김성언, 권주련
펴낸곳 (주)도서출판 하우

주소 서울시 중랑구 망우로68길 48
전화 (02)922-7090
팩스 (02)922-7092
홈페이지 http://www.hawoo.co.kr
e-mail hawoo@hawoo.co.kr
등록번호 제2016-000017호

값 17,000원
ISBN 979-11-6748-134-4 13710

토픽 II 읽기, 전략으로 끝!

한국어능력시험(TOPIK) II

성하춘 저

도서
출판 夏雨

머리말

한국어 학습자 여러분! 안녕하세요?

여러분을 환영합니다.《토픽 Ⅱ 읽기, 전략으로 끝!》을 잘 선택하셨습니다! 저는 이 책을 여러분을 위해 최선을 다해 만들었습니다.

여러분께서 이 책의 내용을 학습하신다면 한국어능력시험(TOPIK)Ⅱ 읽기에서 높은 점수를 받을 수 있습니다. 그래서 여러분이 원하는 대학교, 대학원에 입학하고 졸업하시기를 바랍니다. 또한 여러분이 한국 내외에 있는 회사에 어렵지 않게 취업하셨으면 합니다.

이 책의 학습 내용들을 열심히 공부하십시오. 그리고 문제 풀이 방법을 연습하십시오. 그러면 한국어능력시험(TOPIK)Ⅱ 읽기가 쉬워질 것입니다. 시험 보기 전에 충분히 시간을 내어서 집중하여 연습하십시오. 고득점에 다가설 수 있습니다.

저는 이 책에서 읽기를 (1)과 (2)로 나누고 유형별로 분류하여 한국어 학습자 여러분이 손쉽게 문제 유형을 알 수 있게 하였습니다. 그리고 각 유형은 **1. 사전 수업, 2. 연습 문제, 3. 실전 문제**로 나누었습니다.

1. 사전 수업에서는 제가 실제로 수업 시간에 문제를 푸는 것처럼 자세하게 설명하였습니다. 문제 푸는 방법, 기출 문제 설명과 정리, 자주 출제되는 어휘와 문법 정리를 각각 제시하였습니다. 학습자 여러분께서 미리 집에서 읽고 이해한다면, 연습 문제와 실전 문제를 가지고 연습할 때 큰 도움이 될 것입니다.

2. 연습 문제에서는 문제에 대한 선택지를 두 가지를 제시하여 손쉽게 문제 유형을 파악하고 익힐 수 있도록 하였습니다.

3. 실전 문제에서는 실제로 한국어능력시험 Ⅱ 읽기와 같은 형식으로 제작하였습니다.

따라서 열심히 연습하시면 반드시 고득점을 얻을 수 있을 것입니다.

이 외에도 이 책 마지막에 실전 고사 1회를 마련하여 한국어능력시험 Ⅱ를 보기 전에 실전처럼 도전할 수 있도록 하였습니다.

"뿌리가 깊은 나무는 바람이 불어도 움직이지 않기 때문에 꽃이 아름답고 열매가 많습니다."
-용비어천가 2장

위의 노래처럼 여러분께서 《토픽 Ⅱ 읽기, 전략으로 끝!》을 통해 한국어 읽기능력이 성장하여 아름다운 꽃을 피워내시고 많은 열매를 맺으시기를 바랍니다.

저는 이 책을 오랫동안 최선을 다해 준비하였습니다. 이 책을 선택하신 여러분께 분명한 도움이 되셨으면 합니다.

지금까지 한국어 수업을 할 수 있도록 도와주신 여러 대학교 강사님들과 교수님들께 감사의 말씀 드립니다. 그리고 이 책의 출간에 물심양면 도움을 주신 ㈜도서출판 하우의 박민우 대표님께 진심으로 감사의 말씀을 드립니다. 또한 송인성 팀장님과 편집진께도 감사의 말씀을 드립니다.

2024년 4월
성 하 춘

이 책의 구성과 특성

《토픽 Ⅱ 읽기, 전략으로 끝!》은 다음과 같이 구성되어 있습니다.

Ⅰ. 읽기(1)

  1. 알맞고 비슷한 문법 표현 고르기

  2. 무엇에 대한 글인지 고르기

  3. 글 또는 그래프와 같은 내용 고르기

  4. 맞는 순서 배열 고르기

  5. (   )에 들어갈 말 고르기

  6. 부사, 주제 고르기

  7. 관용어, 같은 내용 고르기

  8. 심정어, 같은 내용 고르기

Ⅱ. 읽기(2)

  1. 신문 기사 제목 설명한 것 고르기

  2. (   )에 들어갈 말 고르기

  3. 내용이 같은 것 고르기

  4. 알맞은 주제 고르기

  5. 주어진 문장 들어갈 곳 고르기

  6. 심정어, 알 수 있는 내용 고르기

  7. (   )에 들어갈 말, 주제 고르기

  8. 필자의 태도, 같은 내용 고르기

  9. 목적, (   )에 들어갈 말, 같은 내용 고르기

Ⅲ. 실전 고사 1회

《토픽 Ⅱ 읽기, 전략으로 끝!》Ⅰ. 읽기(1)과 Ⅱ. 읽기(2)는 한국어능력시험 주관처인 국립국제교육원에서 공개한 기출 문제 35회, 36회, 37회, 41회, 47회, 52회, 60회, 64회, 83회를 모두 참고하여 반영하였습니다.

Ⅰ. 읽기(1)에서는 중급에 나오는 수준의 문제로 구성되어 있어 어렵지 않게 연습할 수 있습니다.

- 알맞고 비슷한 문법은 이 책에서 정리하였으므로 미리 연습합니다.
- 무엇에 대한 글에 대한 문제도 어휘를 정리하였습니다. 어휘를 미리 학습합니다.
- 글과 그래프에 대한 어휘도 미리 익히면 높은 점수를 받을 수 있습니다. 익히고 연습합니다.
- 맞는 순서 배열도 배열하는 방법을 익히면 그렇게 어렵지 않습니다. 꼭 익힙니다.
- 주제와 같은 내용도 어떻게 답안을 알 수 있는지 이 책에서 확인합니다. 이해하고 연습합니다.
- 부사, 관용어, 심정어도 미리 익히지 않으면 어려울 수 있습니다. 확인하고 미리 학습합니다.

Ⅱ. 읽기(2)에서는 중상급, 고급 수준의 문제로 구성되어 있어 어려우므로 미리 익히고 연습해야 합니다.

- 신문 기사 제목을 설명하는 방법 세 가지를 반드시 익히고 연습합니다.
- 내용이 같은 것, 주제를 찾은 방법을 다시 확인하여 쉽게 푸는 방법으로 풀어 봅니다.
- 주어진 문장이 어디에 들어가는지도 그 방법을 확인하여 연습합니다.
- 필자의 태도, 목적, (   )에 들어갈 말을 확인하여 꼭 연습합니다.

Ⅲ. 실전 고사 1회에서는 Ⅰ, Ⅱ에서 연습한 유형들을 정리하여 실전처럼 문제를 풀어 봅니다.

한국어능력시험 II 읽기 소개

1. 중고급 한국어 학습자의 실력을 측정

한국어능력시험(TOPIK, 토픽)은 외국인 한국어 학습자와 재외 동포 한국어 학습자의 한국어 사용 능력을 측정하는 시험입니다. 특히, 토픽 II는 한국어 중고급 능력을 지닌 한국어 학습자의 실력을 측정합니다.

2. 토픽 II에서 획득한 종합점수 판정표

토픽 II			
3급	4급	5급	6급
120~149	150~189	190~229	230~300

3. 토픽 II 읽기는 50문항 100점

토픽 II 읽기는 50문항에 100점입니다. 1문항에 2점입니다. 따라서 문제를 풀 때, 쉬운 문항, 자신 있는 문항부터 모두 해 놓고 어려운 문항에 도전하는 것이 좋습니다. 예를 들면, 앞의 읽기(1)을 모두 하고 주제 고르기, 심정어, 필자의 태도, 글의 목적 고르기 등을 먼저 해 놓고 같은 내용 고르기를 하는 것이 효과적입니다.

<토픽 II 기본 사항>

교시	평가 영역	문항 수	시험시간	
1교시	듣기(100점)	50문항	60분	110분
	쓰기(100점)	4문항	50분	
2교시	읽기(100점)	50문항	70분	70분
합계	300점	104문항	180분	

차례

Ⅰ. 읽기(1)

. . . .

 **[1~4번]** ➤➤ **알맞고 비슷한 문법 표현 고르기**

① 사전 수업

🔍 이것을 기억하세요!

> **[1~2]** 문장을 읽으면서 **(　)에 생각나는 문법 표현**을 표시하세요.
>
> **[3~4]** **밑줄 친 부분만 읽으면서 비슷한 문법**을 생각하세요. 밑줄의 문법 표현만 보세요.
> 그리고 비슷한 문법 표현을 찾으세요.

🔍 문제 풀이 방법을 보세요! 83회 읽기 문제입니다.

※ [1~2] (　)에 들어갈 말로 가장 알맞은 것을 고르십시오. (각 2점)

1. 책을 많이 (　) 지식을 쌓을 수 있다.
   ① 읽으면 　　　　　　　　　② 읽든지
   ③ 읽지만 　　　　　　　　　④ 읽거나

2. 꽃이 피기 시작하는 걸 보니 봄이 (　).
   ① 오곤 한다 　　　　　　　② 온 모양이다
   ③ 오는 편이다 　　　　　　④ 온 적이 있다

[1~2]는 (　)에 들어갈 알맞은 문법 표현을 선택하는 문제입니다.

여러분은 **문제의 문장을 읽으면서 (　)에 알맞은 문법 표현**이 무엇인지 생각해야
합니다. 보통, 문장을 읽으면 알맞은 문법 표현이 떠오릅니다.

그러나 그렇지 않은 경우도 있습니다. 그 때는 선택지 ①,②,③,④를 보면서 어떠한

'동사'나 '형용사'가 쓰였는지 확인합니다. 그리고 다시 문장을 읽으면서 알맞은 문법 표현을 찾으세요. 틀림없이 찾을 수 있습니다.

위의 1번 문제는 '책을 읽다' + (　　　) + '지식을 쌓을 수 있다.'가 되겠지요.

② '-든지'는 선택을 말합니다. 뒤에 또 다른 '-든지'가 나와야 합니다. 예를 들면, '읽든지 말든지, 읽든지 운동하든지'와 같이 두 개 중에 선택할 수 있는 표현이 나와야 합니다. '책을 읽든지 지식을 쌓을 수 있다.'고 쓰면 이해할 수 없는 말이 되어버립니다.

③ '-지만'은 역접입니다. '하지만, 그러나, 반면에'라는 말입니다. '책을 읽지만 지식을 쌓을 수 있다.' 말이 안 됩니다.

④ '-거나'는 선택해도 상관없음을 말합니다. '나는 주말에 책을 읽거나 춤을 추거나 한다.' 처럼 두 가지 중에 어느 것을 해도 상관없다는 말입니다. '책을 읽거나 지식을 쌓을 수 있다.' 말이 안 됩니다.

답은 ①입니다. '책을 읽으면 지식을 쌓을 수 있다.'

2번은 'A, V-(으)니(까)'가 나왔습니다. 추측의 근거가 되겠지요. '하늘이 흐린 것을 보니 비가 올 것 같다.' 이 문장 기억나시죠? 이 추측 표현 정리해 보겠습니다.

근거	추측	예시
A,V- (으)니(까)	-것 같다	사람들이 우산을 쓰고 다니는 것을 보니 비가 오는 것 같다.
	-듯하다	사람들이 우산을 쓰고 다니는 것을 보니 비가 오는 듯하다.
	-나 보다	사람들이 우산을 쓰고 다니는 것을 보니 비가 오나 보다.
	-는 모양이다	사람들이 우산을 쓰고 다니는 것을 보니 비가 오는 모양이다.

당연히, ②가 답입니다. '꽃이 피기 시작하는 걸 보니 봄이 온 모양이다'

나머지 선택지도 확인해 보겠습니다.

① '-곤 하다'는 반복입니다. 이 되면 친구들과 코인 노래방에 가서 노래를 부르곤 한다.'

③ '-는 편이다'는 보통 그렇다는 말입니다. '시험이 끝나면 집에 가서 잠을 자는 편이다.'

④ '-(으)ㄴ 적이 있다'는 경험이 있다는 말입니다. '러시아 노래를 불러 본 적이 있다.'

※[3~4] 밑줄 친 부분과 의미가 가장 비슷한 것을 고르십시오.(각 2점)

3. 시험이 시작되자 교실은 숨소리가 <u>들릴 만큼</u> 조용해졌다.
   ① 들리다가   ② 들리더라도
   ③ 들릴 정도로   ④ 들릴 때까지

4. 집의 분위기는 <u>꾸미기 나름</u>이다.
   ① 꾸밀 만하다   ② 꾸미기가 쉽다
   ③ 꾸밀 수도 있다   ④ 꾸미기에 달려 있다

[3~4]은 밑줄 친 부분과 의미가 비슷한 문법 표현을 찾는 문제입니다.

[3~4]은 문장을 읽기보다는 **바로 밑줄에 있는 문법 표현을 확인**하는 것이 좋습니다. 밑줄의 문법 표현과 가장 비슷한 것을 생각해야 합니다.

3번은 '-(으)ㄹ 만큼'과 비슷한 문법 표현을 생각해야 합니다. '-(으)ㄹ 만큼'은 '-(으)ㄹ 정도'와 비슷합니다. 따라서 답은 ③입니다.

4번은 '-기 나름이다'는 '-기에 달려 있다'와 비슷하기 때문에 답은 ④입니다.

우리는 이 책에서 지금까지 출제되었던 문법 표현을 모으고 정리했습니다. 비슷한 문법을 같이 연습해 보겠습니다.

지금까지 [1~2]에 자주 출제된 문법 표현을 여러분과 함께 익히겠습니다. 문법 표현은 의미로 분류했습니다.

우선, 문장을 소리를 내어서 읽으면서 뜻을 **이해하십시오**. 다음으로, 모르는 문법 표현을 **확인하고 표시해 놓으십시오**. 그리고 **최소한** 이 표현 문법을 **모두 외우십시오**.

[1~2] 자주 출제된 문법 표현

의미	문법 표현	문장 예시
이유	-(으)ㄴ 탓에	폭설이 내린 탓에 자동차가 다닐 수 없었다.
	-길래/-기에	마트에서 세일을 하길래 라면하고 휴지를 구매했다.
	-느라고	어제 축구 경기를 보느라고 과제를 할 수 없었다.
	-니까	다음주부터 기말고사가 시작되니까 미리 준비해야 된다.
추측	-(으)ㄴ가 보다	고객들이 물건들을 구매하지 않은 걸 보니까 품질이 안 좋은가 보다.
	-아/어 보이다	민수 씨가 기침도 계속하고 얼굴도 아파 보인다.
	-았/었을지도 모르다	내 친구가 고향에 돌아갔을지도 모른다.
	-는/-(으)가 모양이다	백화점에 사람들이 많은 걸 보니 세일을 하는 모양이다.
의도	-(으)ㄹ까 하다	주말에 가까운 교외에 갔다 올까 한다.
	-(으)려고	전공 서적을 대출하려고 도서관에 갔다.
	-(으)려던 참이다	지금 막 맛있는 아메리카노 커피를 마시려던 참이었다.

반복, 습관	-(으)ㄹ수록	보고서를 쓰면 쓸수록 어렵다는 사실을 알게 된다.
	-곤 하다	회사 일이 끝나 피곤할 때는 집에 와서 목욕을 하곤 한다.
	-다가 보면	매일 심하게 운동을 하다가 보면 몸에 무리가 갈 수도 있다.
	-다 보니	수업 때문에 아침에 일찍 일어나다 보니 지금도 새벽에 눈이 떠진다.
전환	-다가	책을 읽다가 운동을 하려고 밖에 나갔다.
	-려다가	전공책을 사려다가 비싸서 사지 않았다.
상황	-는데	내일 시험이라서 공부를 하는데 갑자기 전화가 왔다.
선택	-거나	요즘 방학이라서 집에서 전공 서적을 읽거나 온라인 게임을 한다.
	-든지	순두부 찌개를 먹든지 김치 찌개를 먹든지 결정해야 한다.
목적	-게	밖에 한파가 몰아친다고 하니까 춥지 않게 점퍼를 입어야 한다.
	-도록	선택한 과목에서 높은 학점을 받도록 평가 기준을 확인해야 한다.
시간	-고 나서	점심 식사를 하고 나서 항상 믹스 커피를 마시는 습관이 있다.
	-자마자	기숙사에 도착하자마자 방을 청소하기 시작했다.
조건	-(으)려면	좋은 배우자와 결혼하려면 내가 좋은 배우자가 되어야 한다.
	-아/어야	한국어능력시험 6급을 취득해야 좋은 기업에 취직할 수 있다.
	-(으)면	연습을 하면 잘 할 수 있다.
가정	-아/어도	아무리 피곤해도 과제는 하고 자야 한다.
피동	-게 되다	이가 아파서 치과에 가게 되었다.
사동	-도록 하다	아이에게 옷을 입도록 했다.
상태	-(으)ㄴ 채로	어제는 피곤해서 겉옷을 입은 채로 잠이 들었다.
	(어찌나) -는지	친구가 어찌나 열심히 공부하는지 말도 걸 수 없었다.
	-아/어 가다	아버지가 연세를 드시니 점점 늙어가신다.
	-아/어 있다	사고로 지하에 갇힌 사람들은 모두 생존해 있었다.

상태	-는데도	매일 아침마다 공부를 하는데도 성적이 안 나온다.
	-아/어 놓다	비가 와서 빨래를 실내에 널어 놓았다.
한 가지 행동	-기만 하면 된다	대학교 시험에 합격했으니까 열심히 하기만 하면 된다.
	-았/었을 뿐이다	의사 고시 합격 원인을 말한다면 중요 내용을 정리했을 뿐이다.
결심	-기로 하다	흡연 때문에 몸이 안 좋아져서 올해부터 금연하기로 했다.

다음은 지금까지 [3~4]에 자주 출제된 문법 표현입니다. 이 문법 표현도 의미로 분류했습니다. **출제 표현 문법과 유사 문법 표현을 같이 외우십시오.** 모르는 문법 표현은 **꼭 표시해 두십시오.** 이 표현 문법도 여러 번 **연습하십시오.**

[3~4] 자주 출제된 문법 표현

의미	출제 문법 표현	유사 문법 표현	예시
이유	-(으)ㄴ 탓에	-는 바람에	늦잠 잔 탓에/자는 바람에
	N(이)라길래	N(이)라고 해서	명품이라길래/명품이라고 해서
	-기 때문에	-느라고	보았기 때문에/보느라고
	-는 바람에	-(으)ㄴ 탓에	술을 마시는 바람에/마신 탓에
	-아/어서	-는 바람에	폭설이 내려서/내리는 바람에
추측	-(으)ㄹ 모양이다	-(으)ㄹ것만 같다	비가 올 모양이다/올 것만 같다
	-(으)ㄹ 것 같아서	-(으)ㄹ까 봐	못 만날 것 같아서/못 만날까 봐
	-나 보다	-는 모양이다	있나 보다/있는 모양이다
	-아/어 보이다	-(으)ㄴ가 보다	비싸 보인다/비싼가 보다
	-았/었을 수도 있다	-았/었을지도 모르다	잊어버렸을 수도 있다/잊어버렸을지도 모른다

의도	-고자	-기 위해서	대학교에 입학하고자/입학하기 위해서
	-려고 하다	-(으) 참이다	물을 마시려고 했다/마시려던 참이었다
	-려고 하면	-(으)ㄹ라치면	말하려고 하면/말할라치면
	-려면	-기 위해서는	돈을 벌려면/벌기 위해서는
목적	-도록	-게	보이도록/보이게
	-지 않게	-지 않도록	걸리지 않게/걸리지 않도록
시간	-(으)ㄴ 후에	-고 나서	도착한 후에/도착하고 나서
	-(으)면 바로	-자마자	가면 바로/가자마자
	-(으)ㄹ 때마다	-기만 하면	읽을 때마다/읽기만 하면
가정	-아/어도	-아/어 봐야	읽어도/읽어 봐야
	-아/어야	-(으)ㄴ다고 해도	공부해야/공부한다고 해도
동일	-(으)ㄴ 거나 마찬가지이다	-(으)ㄴ 셈이다	오른 거나 마찬가지이다/오른 셈이다
	N인 셈이다	N(이)나 마찬가지이다	가게인 셈이다/가게나 마찬가지이다
정도	-(으)ㄹ 정도로	-(으)ㄹ 만큼	못 잘 정도로/못 잘 만큼
추가	N이면서	N이자	요리사이면서/요리사이자
	N인 데다가	N일뿐더러	요리사인 데다가/요리사일뿐더러
작음	N일 뿐이다	N에 불과하다	친구 사이일 뿐이다/친구 사이에 불과하다
한 가지 행동	-기만 하면	-(으)ㄹ 때마다	보기만 하면/볼 때마다
	-기만 한다면	-(으)ㄴ다면야	공부하기만 한다면/공부한다면야
비교	N보다	N에 비해서	친구보다/친구에 비해서
강한 부정	-기는커녕	-기는 고사하고	합격하기는커녕/합격하기는 고사하고
	-지는 않았을 것이다	-(으)ㄹ 리가 없다	합격하지는 않았을 것이다/합격할 리가 없다
희망	-기를 바라다	-았/었으면 하다	공부하기를 바란다/공부했으면 한다

영향	-기에 달려 있다	-기 나름이다	노력하기에 달려 있다/노력하기 나름이다
중도 전환	-는 길에	-다가	출근하는 길에/출근하다가
거짓 행동	-는 척하다	-는 체하다	아는 척했다/아는 체했다
생각	-다고 생각하다	-(으)ㄴ 셈치다	좋은 경험했다고 생각한다/좋은 경험한 셈치다
필요 없음	-아/어 봐야	-(으)ㄴ다고 해도	공부해 봐야/공부한다고 해도

※ [1~10] ( )에 들어갈 말로 가장 알맞은 것을 고르십시오. (각 2점)

1. 아침 밥을 ( ) 약속이 생각이 나서 급히 나갔다.

   ① 먹든지   ② 먹다가

2. 마트에서 세일을 해서 물건이 ( ) 라면하고 휴지를 샀다.

   ① 싸더니   ② 싸다길래

3. 어제 시험 공부를 ( ) 친구한테 연락을 못 했다.

   ① 하자마자   ② 하느라고

4. 아무리 눈이 ( ) 출근은 해야 한다.

   ① 와도   ② 와야

5. 살이 쪄서 올해는 반드시 살을 ( ).

   ① 빼기로 했다   ② 빼는 중이다

6. 과제가 있어서 도서관에 ( ).

   ① 가도 된다   ② 가게 되었다

7. 노트북 컴퓨터를 ( ) 인터넷에서 알아 보고 있다.

   ① 구매하려고   ② 구매하는데

8. 나이를 ( ) 어려운 점들이 많아진다.

   ① 먹을수록   ② 먹도록

9. 의자에 (   ) 비로소 공부는 시작된다.

① 앉다 보면   ② 앉고 나서

10. 내일까지 과제를 (   )

① 제출할까 한다   ② 제출하는 편이다

※ [11~20] 밑줄 친 부분과 의미가 가장 비슷한 것을 고르십시오. (각 2점)

11. 대통령이 스위스에 도착한 후에 교민을 만났다.

① 도착하고 나서   ② 도착하고 보니

12. 대학원에 입학하고자 도서관에서 공부를 하고 있다.

① 입학하기 무섭게   ② 입학하기 위해서

13. 연수 씨는 가수이면서 드라마 배우이다.

① 가수이자   ② 가수이고도

14. 전기세가 오른 거나 마찬가지이다.

① 오른 셈이다   ② 오른 탓이다

15. 밤 늦게까지 달리기를 했기 때문에 공부를 할 수 없었다.

① 달리기를 하려거든   ② 달리기를 하느라고

16. 친구가 말을 안 하나는 걸 보니 뭐 안 좋은 일이 있나 보다.

① 있기 십상이다   ② 있는 모양이다

17. 밥을 잘 <u>먹기는커녕</u> 물 한 잔도 마시지 못했다.

　　① 먹기는 고사하고　　　　　　　② 먹기는 마련이고

18. 운동하러 <u>가는 길에</u> 동창을 만나 차 한잔 했다.

　　① 가다가　　　　　　　　　　　② 가건만

19. 명품 가방이 인기가 많은 걸 보니 <u>좋아 보인다.</u>

　　① 좋은 가 보다　　　　　　　　② 좋을 게 뻔하다

20. 경제학개론 서적은 아무리 <u>읽어도</u> 이해하지 못하는 부분이 있다.

　　① 읽어 봐야　　　　　　　　　　② 읽은 탓에

※ [1~8] (   )에 들어갈 말로 가장 알맞은 것을 고르십시오. (각 2점)

1. 물가가 대폭 (   ) 마음대로 물건을 살 수 없었다.

   ① 오른 채로   ② 오른 김에

   ③ 오른 탓에   ④ 오른 대신

2. 아침에 일어나면 보통 아침 운동을 (   ).

   ① 하곤 한다   ② 해야 한다

   ③ 해도 된다   ④ 하는 중이다

3. 친구를 만나면 책방에 (   ) 노래방에 간다.

   ① 가지만   ② 가거나

   ③ 가려고   ④ 가더니

4. 늦게 일어나서 면도도 못 (   ) 회사에 갔다.

   ① 한 김에   ② 한 채로

   ③ 하든지   ④ 할수록

5. 보고서 제출 준비를 (   ) 친구가 만나자고 한다.

   ① 하면서   ② 하든지

   ③ 하는데   ④ 하거나

6. 이번 시험을 잘 보기 위해서 책만 (   ).

   ① 공부했었으면 했다   ② 공부할 걸 그랬다

   ③ 공부했었을 뿐이다   ④ 공부했을 게 뻔하다

7. 시계를 고쳐야 (   ) 수리점을 찾아야 한다.

① 하거나   ② 하거든

③ 하려고   ④ 하니까

8. 삼계탕을 끓이려면 신선한 재료를 미리 (   ) 한다.

① 준비해 가지고   ② 준비해 보이면

③ 준비해 드리고   ④ 준비해 놓아야

※ [9~16] 밑줄 친 부분과 의미가 가장 비슷한 것을 고르십시오. (각 2점)

9. 집 밖에 나갈 때마다 나는 마스크를 쓰게 된다.

① 나간 후에   ② 나가려면

③ 나가는 대로   ④ 나가기만 하면

10. 우리는 정말 친구 사이일 뿐이다.

① 사이라면 좋겠다   ② 사일일지도 모른다

③ 사이에 불과하다   ④ 친구 사이라고 볼 수 없다

11. 이 책이 어려울 것 같아서 일부러 사지 않았다.

① 어렵곤 해서   ② 어려울까 봐

③ 어려워 가지고   ④ 어려울지라도

12. 우리 약국이 우리 학교에서 가까운 약국인 셈이다.

① 약국일 뿐이다   ② 약국일 리가 없다

③ 약국이면 좋겠다   ④ 약국이나 마찬가지이다

13. 약속이 생겨서 지금 친구를 <u>만나려고 했다</u>.

    ① 만나는 척했다.   ② 만날 뿐이었다.

    ③ 만날 참이었다.   ④ 만나라고 했다.

14. 중요 사항을 잊어버리지 <u>않도록</u> 메모를 해 놓는다.

    ① 않게끔   ② 않건만

    ③ 않거니와   ④ 않고서야

15. 살면서 외국 여행을 몇 번 했는데 좋은 <u>경험했다고 생각한다</u>.

    ① 경험한 셈친다   ② 경험을 느꼈다

    ③ 경험할 지경이다   ④ 경험할 수가 없다

16. 대학교 졸업하기는 자신의 <u>노력에 달려 있다</u>.

    ① 노력할 따름이다   ② 노력하기 나름이다

    ③ 노력할 모양이다   ④ 노력하기 십상이다

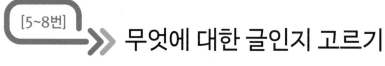

무엇에 대한 글인지 고르기

1 사전 수업

🔍 이것을 기억하세요!

> [5~6] 물건과 장소를 선택하는 문제입니다. 제시문을 읽으면서 **아는 단어를 찾으세요.**
> 그 단어를 힌트로 생각해 ①, ②, ③, ④의 선택지에서 맞는 물건과 장소를 찾으세요.
>
> [7~8] **선택지에 나오는 내용에 대한 표현을 알고 있어야 합니다.** 이 문제도 단어의
> 힌트를 가지고 추측해서 고르세요.

🔍 문제 풀이 방법을 보세요! 60회 읽기 문제입니다.

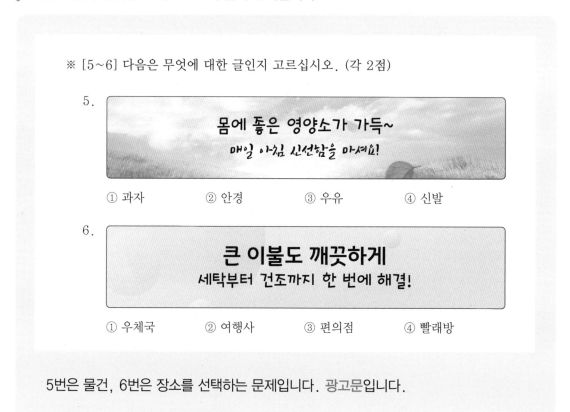

※ [5~6] 다음은 무엇에 대한 글인지 고르십시오. (각 2점)

5.

몸에 좋은 영양소가 가득~
매일 아침 신선함을 마셔요!

① 과자   ② 안경   ③ 우유   ④ 신발

6.

큰 이불도 깨끗하게
세탁부터 건조까지 한 번에 해결!

① 우체국   ② 여행사   ③ 편의점   ④ 빨래방

5번은 물건, 6번은 장소를 선택하는 문제입니다. 광고문입니다.

5번 제시문을 읽으면서 아는 단어를 빨리 찾으십시오. 분명히, 한 개 또는 두 개 단어를 알 수 있습니다.

위 5번 문제를 보겠습니다. 아는 단어가 무엇인가요? '몸에 좋은', '매일 아침', '마셔요'라는 말을 우리는 압니다. 그런데 '영양소', '가득', '신선함'은 어려울 수 있습니다.

우리는 아는 단어로만 생각하고 추측합니다. 마실 수 있는 것은 '③ 우유'밖에 없습니다. '영양소', '신선함'을 몰라도 이 문제를 해결할 수 있습니다.

아는 단어를 빨리 확인하세요. 그리고 선택지에서 하나를 고르십시오.

6번 문제도 보겠습니다. '깨끗하게', '세탁', '한 번에'는 쉬운 단어입니다. '이불', '건조'는 조금 어렵습니다.

하지만 쉬운 단어를 가지고 우리는 '④ 빨래방'이라는 장소를 찾을 수 있습니다. **이렇게 아는 단어로만 추측하시면 이 문제를 쉽게 풀 수 있습니다.**

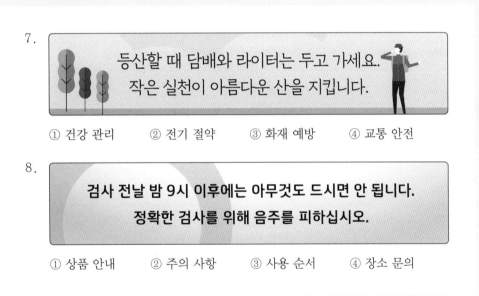

7.

등산할 때 담배와 라이터는 두고 가세요.
작은 실천이 아름다운 산을 지킵니다.

① 건강 관리　　② 전기 절약　　③ 화재 예방　　④ 교통 안전

8.

검사 전날 밤 9시 이후에는 아무것도 드시면 안 됩니다.
정확한 검사를 위해 음주를 피하십시오.

① 상품 안내　　② 주의 사항　　③ 사용 순서　　④ 장소 문의

7~8번은 어떠셨나요?

7번은 사람들이 지켜야 할 내용을 권유하는 내용이 많습니다. 그래서 선택지의 말들을 알고 있어야 합니다.

위의 7번 선택지 내용인 '건강 관리', '전기 절약', '화재 예방', '교통 안전'과 같은 말들을 알아야 풀 수 있습니다.

지문의 내용에서도 아는 단어로 선택지를 선택하면 됩니다. '등산할 때', '담배', '아름다운 산'이라는 말을 쉽습니다. '라이터', '실천', '지킵니다'는 조금 어려우셨나요?

우리는 '등산, 담배'라는 말을 통해서 '불 조심'이라는 생각을 할 수 있습니다. '불 조심'의 한자 표현인 '③ 화재 예방'을 찾아야 합니다.

8번은 공식적인 요청 내용이 많습니다. 이 문제도 선택지 표현을 미리 알고 있어야 합니다.

위의 8번 선택지 내용인 '상품 안내', '주의 사항', '사용 순서', '장소 문의'가 무슨 말인지 알고 있어야 합니다.

'드시면 안 됩니다'라는 말을 통해서 '② 주의 사항'이라는 것을 알 수 있습니다.

'검사', '음주를 피하십시오.'라는 말을 몰라도 풀 수 있습니다.

[5~6]에 자주 나왔던 물건과 장소를 정리해 보았습니다.

먼저, 5번입니다. 물건입니다. **물건을 보고 동사, 형용사, 명사를 생각해 보세요.**

물건	예시 광고	광고 어휘
휴대폰	배터리가 오래가고 용량이 넉넉해요!	배터리, 용량
에어컨	시원한 바람에 소음도 없어요!	시원하다, 예쁘다, 신기술
선풍기	바람 세기 적절하고 시원해요!	시원하다, 쌩쌩 돈다
우유	영양가 높아 날마다 마셔요!	마시다, 영양가가 높다, 신선하다
주스	맛있고 신선해요!	마시다, 신선하다
콜라	변하지 않은 맛, 참 시원해요!	마시다, 변하지 않다
커피	부드럽고 향이 진해요!	마시다, 부드럽다, 향이 진하다
침대	푹신하고 잠이 잘와요!	자다, 푹신하다
책상	튼튼하고 디자인이 심플해요!	공부하다, 튼튼하다
거울	깔끔하고 큼직해요!	얼굴을 보다, 깔끔하다, 큼직하다
냉장고	용량이 크고 편리해요!	음식을 넣다, 용량이 크다
컴퓨터	모니터가 크고 속도가 빨라요!	인터넷, 모니터, 속도가 빠르다
휴지	도톰하고 오래 써요!	도톰하다

신문	세계를 읽어요! 현재를 알아요!	읽다, 알다, 세계
청소기	가벼워요! 사용하기 편리해요!	청소를 하다, 가볍다, 편리하다
세탁기	소음이 적고 이불 빨래도 괜찮아요!	세탁을 하다, 소음이 적다
신발, 운동화	가볍고 착용감이 편안해요!	신다, 가볍다, 편안하다
시계	가볍고 숫자가 큼직해요!	보다, 숫자가 큼직하다
연필	디자인이 예쁘고 쓰기 편해요!	쓰다, 디자인이 예쁘다
과자	고소하고 맛있어요!	먹다, 고소하다
안경	가볍고 착용감이 좋아요!	보다, 가볍다, 착용감이 좋다

다음으로, 6번에 나오는 장소입니다. **장소를 보고 동사, 형용사, 명사를 생각해 보세요.**

장소	예시 광고	광고 어휘
은행	믿는 예금, 쌓이는 이자!	예금하다, 이자가 쌓이다
식당	소중한 사람과 맛있게 기분 좋게!	맛있게 드시다
우체국	소포와 편지를 정확히! 빠르게!	소포, 편지
병원	전문의 진료, 분명한 치료!	전문의, 진료, 치료
치과	소중한 치아 관리, 평생 관리!	치아, 관리하다
빨래방	향균 세탁, 살균 건조!	세탁, 건조
마트	좋은 상품, 국민가격으로!	국민가격, 저렴하다
안경점	침침한 눈, 선명한 눈으로!	눈이 침침하다
여행사	추석에는 해외 여행!	여행
편의점	24시간 여러분과 가까이!	24시간, 가까이
세탁소	정장, 운동화 깨끗하게!	정장, 와이셔츠, 운동화, 깨끗하게
학원	꼴찌에서 1등으로! 진짜 공부 습관!	1등, 공부 습관
서점	책이 사람을 사람이 책을!	책

미술관	그림 속에 아름다움이!	그림, 아름다움
박물관	옛 사람, 옛 것을 만난 반가움!	옛 사람, 옛 것
방송국	날마다 즐거움과 정보를!	즐거움, 정보

[7~8]에 자주 나왔던 **권유 내용과 요청을 예시와 함께 정리해 보았습니다.**

7번 권유 내용은 보통 '-습니다, -아/어요'스타일을 사용합니다. 자주 읽고 확인해 주세요.

권유 내용	예시 광고	어휘
환경 보호	• 깨끗한 바다, 우리 만들어요. • 오늘 버린 쓰레기, 북극곰 눈물 돼요.	깨끗하다, 쓰레기
화재 예방	• 라이터 안 돼요. 담배도 안 돼요. • 가까운 소화기, 우리 집 지켜요.	라이터, 소화기, 불
교통 안전	• 속도를 줄이면 사람이 보여요. • 출발 전에 안전벨트, 끝까지 지키세요.	속도를 줄이다, 안전벨트
자연 보호	• 산을 지켜요, 나무를 지켜요. • 안 버리는 밝은 마음, 이 마음을 끝까지.	산을 지키다, 안 버리다
봉사 활동	• 이번 여름에 농촌을 도와요. • 땀을 같이 흘려요.	돕다, 땀을 흘리다
전화 예절	• 용건은 간단명료하게 말해요. • 잘못 걸렸을 때는 정중히 사과해요.	용건, 간단명료하다, 사과하다
건강 관리	• 운동이나 스트레칭을 꾸준히 해요. • 물을 자주 마셔요. • 하루에 40분씩 걸어요.	운동을 하다, 물을 마시다
전기 절약	• 실내 온도는 겨울철 건강온도를 유지하십시오. • 사용시간 외 텔레비전 등의 플러그는 뽑으십시오. • 세탁기는 한번에 모아서 사용합니다.	건강온도를 유지하다, 플러그를 뽑다
안전 관리	• 작업 전에 안전 점검해요. • 작업 후에 정리정돈해요. • 언제나 안전 의식을 가져요. • 날마다 안전을 실천해요.	안전 점검하다, 정리정돈하다, 안전 의식을 가지다, 안전을 실천하다
이웃 사랑	• 자나 깨나 이웃 사랑해요. • 위기 가구 다시 확인해요.	이웃 사랑하다, 위기 가구
자리 양보	• 어르신께 양보해요. • 임산부에 양보해요.	어르신, 임산부에게 양보하다

예절 교육	• 좋은 말은 행복 쌓여요. • 나쁜 말은 고통 쌓여요. • 학교 가면 반갑게 인사해요. • 집에 와선 기쁘게 인사해요.	좋은 말, 행복 쌓이다, 반갑게 인사하다

8번 공식 요청은 보통 '-(으)십시오, -(으)ㅂ니다, -(으)면 안 됩니다'스타일을 사용합니다. [5~8]에서 가장 어렵습니다. 예시와 공식 요청을 여러 번 확인하십시오.

공식 요청	예시	어휘
이용 안내	• 작은 소리로 부탁드립니다. • 퇴실 시 정리 부탁드립니다.(스터디룸) • 상담 예약은 전화로 부탁드립니다. • 내담자는 본인의 고민을 말씀하십시오.(상담센터)	부탁드리다, 말씀하다
주의 사항 안전 규칙	• 적당한 강도의 유산소 운동을 하세요. • 술과 탄산음료는 삼가야 합니다. (고령층 건강 주의사항) • 개인공부는 4층 열람실을 이용하세요. • 음료수는 가지고 들어오지 않습니다.(도서관 주의사항)	삼가야 하다, 들어오지 않다
사원 모집	• 4년제 정규대학 기졸업자는 전학년 평점 3.0 이상되어야 합니다. • 관련 자격증을 소지하면 우대합니다. • 외국어 능력이 우수하면 우대합니다.	전학년 평점 3.0 이상 되어야 하다, 우대하다
배달 안내	• 전 메뉴 포장 배달 가능합니다. • 배달료는 4,000원입니다. • 배달 지연 양해 부탁드립니다.	배달 가능하다, 배달료, 배달 지연
접수 방법 · 신청 방법	• 공식 홈페이지를 통해 가능합니다. • 로그인/비회원 시 모두 가능합니다. • 사진을 첨부해야 합니다.(어학 시험)	공식 홈페이지, 로그인/비회원 시, 가능하다, 사진을 첨부하다
이용 방법 사용 순서	• 이용 3시간 전에 인터넷으로 예약하시기 바랍니다. • 일정과 회차를 선택해야 합니다. • 인원과 수량을 선택하십시오.	인터넷으로 예약하다, 선택해야 하다
문의 방법	• 게임을 선택해 주시기 바랍니다. • 도움말과 과정을 골라 주십시오. • 문의를 접수해 주십시오. (게임 업체 문의 방법)	선택하다, 고르다, 문의를 접수하다, 고객 게시판, 남기다, 궁금 하신 점, 상담원, 통화하다
상품 안내	• 고객의 성원에 힘입어 최고 연 13%를 보장합니다. • 가입대상은 1인 1계좌입니다. • 가입금액은 일 1만 원 이하 자유적립입니다.	고객의 성원에 힘입다, 보장하다, 가입대상

제품 설명	• 본 청소기는 전원 스위치를 켜시면 작동합니다. 가속
	  스위치를 누르시면 힘있게 청소합니다. 자세한 사항은
	  QR코드를 확인하십시오.
		전원 스위치를 켜다,
		작동하다,
		자세한 사항, 확인하다

② 연습 문제

※ [1~16] 다음은 무엇에 대한 글인지 고르십시오. (각 2점)

1.
> 아침마다 마시는 비타민!
> 맛도 건강도 균형있게!

① 과일　　　　　　　　　　② 우유

2.

> 천연 바람이 분다
> 한여름 정말 시원하다

① 냉장고　　　　　　　　　　② 에어컨

3.
> # 집 안 구석구석을 깨끗하게!
> 조용하게 완벽하게 먼지를 제거합니다

① 세탁기　　　　　　　　　　② 청소기

4.
> **새벽부터 저녁까지 오랫동안 일할 수 있다**
> **실용적이면서 어디든 가지고 다닐 수 있다**

① 휴대 전화기　　　　　　　　②노트북 컴퓨터

5.
> 당일 입원 당일 퇴원
> 척추에 정성을 다하겠습니다!

① 약국　　　　　　　　　　② 병원

6.

예금도 환전도 안전하게 풍부하게!

① 은행   ② 서점

7.

일상의 특별한 만남!
24시간 혜택을 드립니다

① 방송국   ② 편의점

8.

물건이 다양하고 저렴합니다
고객님을 가족처럼 모십니다

① 마트   ② 식당

9.

지금 지구가 아파요
산에 나무를 심어요

① 경제 활동   ② 자연 보호

10.

아빠는 운전 조심
아이는 차 조심

① 예절 교육   ② 교통 안전

11.

일회용 비닐봉투를 사용하지 말아요.
쓰레기를 분리해서 버려요.

① 환경 보호　　　　　　　② 봉사 활동

12.

불! 불! 불! 불조심!
자나 깨나 확인하자.

① 화재 예방　　　　　　　② 건강 관리

13.

당사는 방송 프로그램을 제작하고 있습니다.
급여는 면접 시 협의합니다.
해외근무 가능자 우대합니다.

① 사원 모집　　　　　　　② 판매 안내

14.

단체 주문은 음료 20잔부터 배달 가능합니다.
고객의 사유로 배달되지 못한 제품은 회수되며,
재배달은 안 됩니다.

① 구입 안내　　　　　　　② 배달 안내

15.

칼슘의 흡수를 방해하는 술과 탄산음료는 삼가 주십시오.
검사 전날에는 9시 이후 음식물을 드시지 마십시오.

① 주의 사항　　　　　　② 이용 방법

16.

작은 소리로 대화 부탁드립니다.
퇴실 시 정리 부탁드립니다.

① 접수 방법　　　　　　② 이용 안내

※ [1~12] 다음은 무엇에 대한 글인지 고르십시오. (각 2점)

1.

> **신선하고 고소해요!**
> **매일 아침 풍부한 영양을 마셔요.**

① 콜라　　　　② 커피　　　　③ 우유　　　　④ 주스

2.

> **깨끗하게 더 깨끗하게**
> **우리 아이 옷은 더 깨끗하게**

① 청소기　　　② 세탁기　　　③ 에어컨　　　④ 컴퓨터

3.

> **즐기세요! 달리세요! 이기세요!**
> **신으면 신이 납니다!**

① 안경　　　　② 수건　　　　③ 시계　　　　④ 신발

4.

> **앉아서 일하신다고요?**
> **허리가 편안하도록 높이를 조절해 드립니다.**

① 침대　　　　② 책상　　　　③ 연필　　　　④ 컴퓨터

5.

> **원하는 책을 손쉽게 대여할 수 있습니다.**
> **월요일마다 휴관합니다.**

① 학원　　　　② 마트　　　　③ 도서관　　　　④ 박물관

6.

발차기를 배우면 자신감이 커집니다.
줄넘기를 배우고 예절을 배웁니다.

① 학원　　　② 방송국　　　③ 세탁소　　　④ 체육관

7.

 간단하고, 정확하고, 친절하게 받습니다.
숫자, 시간을 확인하며 메모합니다.

① 식사 예절　　　② 문의 방법　　　③ 전화 예절　　　④ 날씨 정보

8.

행사가 있어 사람이 제대로 걸을 수 있는지
확인해 주세요.
위험한 곳이 없는지 확인해 주세요.

① 건강 관리　　　② 안전 관리　　　③ 행사 관리　　　④ 교통 안전

9.

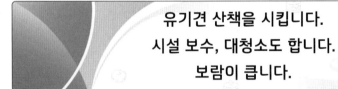

유기견 산책을 시킵니다.
시설 보수, 대청소도 합니다.
보람이 큽니다.

① 보수 활동　　　② 봉사 활동　　　③ 체육 활동　　　④ 경제 활동

10.

장시간 컴퓨터 등 전자기기를 바라보지 않습니다.
흡연은 안과 질환을 유발시킬 수 있으므로
흡연은 금물입니다.

① 안전 관리　　　② 안과 소개　　　③ 건강 관리　　　④ 흡연 안내

10.

이동전화 궁금점은 휴대폰 114로 해 주십시오.
요금안내서와 해지에 대한 질문은
휴대폰 110으로 해 주십시오.

① 주의 사항　　② 문의 안내　　③ 제품 설명　　④ 구입 방법

12.

옷 사이트에서 옷의 불량 상태를 설명하고
사진을 올립니다.
다른 옷을 장바구니에 넣고 구매를 클릭하면 바꿀 수 있습니다.

① 등록 문의　　② 제품 문의　　③ 교환 안내　　④ 사용 방법

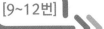 **글 또는 그래프와 같은 내용 고르기**

① 사전 수업

🔍 이것을 기억하세요!

[9~10] 9번은 **공고문** 문제입니다.

1. 제목을 읽고 **무엇에 대한 글인지** 확인하세요.

2. **각각의 선택지를 제시문의 내용과** 확인하세요.

계속 등장하는 어휘는 미리 배워서 꼭 기억하세요!

10번은 **그래프** 또는 **도표** 문제입니다.

1. 제목을 읽고 **무엇에 대한 그래프인지** 확인하세요.

2. **각각의 선택지를 그래프의 내용과 맞는지 확인**하세요.

[11~12] 11번과 12번은 **한 단락** 글입니다.

1. 첫 문장을 읽고 **무엇에 대한 글인지**를 파악합니다.

2. 각 **선택지의 핵심어를 읽고** 제시문을 확인하세요.

※ [9~12] 다음 글 또는 그래프의 내용과 같은 것을 고르십시오. (각 2점)

9.

제3회 한마음 걷기 대회

일   시 : 2019년 9월 14일 (토) 09:00~13:00
참가 대상 : 제한 없음
내   용 : 3.8km 걷기(시민공원부터 인주기념관까지)
참 가 비 : 무료

① 이 대회는 이번에 처음으로 열린다.
② 이 대회에는 누구나 참가할 수 있다.
③ 이 대회에 참가하려면 돈을 내야 한다.
④ 이 대회의 출발 장소는 인주기념관이다.

먼저, 무엇에 대한 내용인지 제목을 확인해 보세요. 무엇인가요? 〈제3회 한마음 걷기 대회〉입니다.

그런데, '한마음'이나 '걷기'라는 단어를 몰라 걱정이라고요? 걱정하지 마세요. 이 단어들을 알면 좋겠지만 몰라도 괜찮습니다. 우선, '대회'라는 것만 알고 아래 선택지를 가지고 글을 하나씩 확인해 보시면 됩니다.

그럼, 선택지 하나하나를 같이 확인해 볼까요? ① '이 대회는 이번에 처음으로 열린다.'고 했습니다. 이 내용을 확인하려면 제목을 보시면 됩니다. '제3회 한마음 걷기 대회'라고 했지요? 여기서 '제3회'라는 말은 이 대회가 세 번째 한다는 말입니다. ①이 맞으려면 '제1회 한마음 걷기 대회'라고 해야 합니다.

② '이 대회에는 누구나 참가할 수 있다.'고 했습니다. '누구나'라고 했으니까 사람을 말하는 것을 알 수 있습니다. 그러니까 '참가 대상'을 찾습니다. 참가 대상이 누구인가요? '제한 없음'이라고 되어 있네요. '누구나'라는 말과 같습니다. 이 말은 외워 두세요.

참가 대상: 제한 없음 = 누구나

③ '이 대회에 참가하려면 돈을 내야 한다.'는 '참가 돈'이 얼마냐는 거지요. '참가 돈'을 '참가비'라고 합니다. 위에서 확인해 보니 '무료'라고 했습니다. **무료가 '돈이 없어도 괜찮다'는 말이니까 돈이 필요없다는 말입니다.**

④ '이 대회의 출발 장소는 인주기념관이다.' 위의 글에서 찾아보니 '시민공원부터 인주기념관까지'라고 했습니다. 'N부터 N까지'입니다. 'N부터'가 출발 장소가 되고 'N까지'가 도착 장소가 됩니다. 그러니까 시민공원이 출발 장소이고 인주기념관이 도착 장소입니다. 틀렸지요?

그러니까 답은 ②입니다.

10번도 보겠습니다.

10.

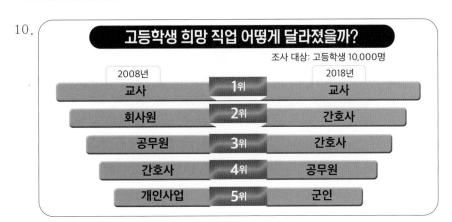

① 1위 순위의 직업이 바뀌었다.
② 공무원은 순위의 변화가 없었다.
③ 군인이 새롭게 5위 안에 들었다.
④ 간호사는 4위로 순위가 떨어졌다.

제목을 먼저 확인하시고 선택지 하나씩 그래프와 확인하십시오.

제목은 〈고등학생 희망 직업 어떻게 달라졌을까?〉네요. 희망 직업의 변화를 말합니다.

바로 선택지를 확인해 보시지요. ① '1위 순위의 직업이 바뀌었다.' 1위의 2008년, 2018년 모두 희망 직업은 '교사'입니다. 바뀌지 않았습니다. 그렇지요?

② '공무원은 순위의 변화가 없었다.' 맞나요? 3위에서 4위로 떨여졌습니다. 그러니까

틀렸지요. ③ '군인이 새롭게 5위 안에 들었다.'는 어떤가요? 2008년에는 없었는데, 2018년에는 5위에 들었습니다. ③이 맞네요.

④ '간호사는 4위로 순위가 떨어졌다.'도 확인합니다. 4위에서 2위로 올라갔습니다. 그래서 틀렸습니다. 답은 ③입니다.

11번, 12번은 같이 보도록 하겠습니다.

11.

지난 24일에 '제7회 소비자 선정 최고 브랜드 대상' 시상식이 인주신문사 대강당에서 개최됐다. 이 상은 소비자의 온라인 투표로 수상 브랜드가 선정되어 의미가 크다. 지난해와 같이 100개 브랜드가 상을 받았는데 올해는 처음으로 친환경 화장품 브랜드 두 개가 포함되었다.

① 소비자가 수상 브랜드를 선정했다.
② 기업들이 직접 온라인 투표에 참여했다.
③ 지난해보다 더 많은 브랜드가 선정됐다.
④ 친환경 화장품 브랜드는 상을 못 받았다.

12.

최근 한 나라에서 4,400년 전에 만들어진 무덤이 발견됐다. 이 무덤의 주인은 당시 왕으로 밝혀졌으며 무덤 벽에는 고대 문자와 다양한 색의 그림이 가득했다. 이 무덤은 오랜 시간이 지났지만 색이 거의 그대로 보존되어 있어 역사적 가치가 높다고 전문가들은 전했다. 무덤의 일부는 일반인에게도 곧 공개될 예정이다.

① 무덤의 주인이 누구인지 찾고 있다.
② 무덤 안을 구경하는 사람들이 많아졌다.
③ 무덤 안의 그림은 색의 상태가 좋은 편이다.
④ 무덤 바닥에서 다양한 문자와 그림이 발견됐다.

11번, 12번은 첫 번째 문장을 읽고 무엇에 대해서 말하는지 파악하십시오. 그리고 아래에 있는 선택지 하나하나를 제시글과 확인해 보시면 됩니다.

11번부터 보겠습니다. 11번 제시글은 무엇에 대해서 말합니까? 첫 번째 문장에서 무엇이라고 말하나요? '시상식 개최'입니다. 그러면 이제 선택지 하나씩 확인해 보겠습니다.

① '소비자가 수상 브랜드를 선정했다.'에서 중요한 말이 뭐죠? <u>'소비자', '수상 브랜드'</u>입니다. 그러면 제시글에서 '소비자', '수상 브랜드'가 있는 문장이 있나요? 네, 있습니다. "이 상은 소비자의 온라인 투표로 수상 브랜드가 선정되어 의미가 크다." <u>따라서 ①은 맞습니다.</u>

② '기업들이 직접 온라인 투표에 참여했다.'의 중요한 말은, '기업들', '온라인 투표'입니다. 위의 제시글에 '기업들' 또는 '회사들'이라는 표현이 있나요? 없습니다. 따라서 ②는 틀렸습니다.

③ '지난해보다 더 많은 브랜드가 선정됐다.'에서 중요한 말은, '지난해', '브랜드'입니다. 제시글에서 보니까, "지난해와 같이 100개 브랜드가 상을 받았는데"라고 했으니까 틀렸습니다. 지난해와 같습니다.

④ '친환경 화장품 브랜드는 상을 못 받았다.'의 중요한 말은 '친환경 화장품 브랜드'입니다. 위 제시글에서 찾아보니, "올해는 처음으로 친환경 화장품 브랜드 두 개가 포함되었다."고 했습니다. 친환경 화장품 브랜드가 두 개나 들어있다고 했으니까 틀렸습니다.

이렇게 중요한 단어를 중심으로 제시글을 빨리 찾아서 그 부분만 확인하면 쉽게 같은 내용을 찾을 수 있습니다.

12번을 보도록 하겠습니다.

무엇에 대해서 말하고 있나요? 첫 번째 문장을 보니, '무덤'입니다.

하나씩 확인해 보겠습니다.

① '무덤의 주인이 누구인지 찾고 있다.'의 중요한 말은, '무덤', '주인'입니다. 위의 제시글에서 찾아보니, "이 무덤의 주인은 당시 왕으로 밝혀졌으며"이라고 했습니다. 무덤의 주인은 그 시대 왕으로 알려졌습니다. <u>따라서 ①은 틀렸습니다.</u>

② '무덤 안을 구경하는 사람들이 많아졌다.' '무덤 안', '구경하는 사람들'이 중요한 단어입니다. 제시글에서 찾아보니 보이지 않습니다. 마지막 문장에서 "무덤의 일부는 일반인에게도 곧 공개될 예정이다."라고 하였는데, '무덤 안'도 '구경'이라는 말이 없어서

틀렸습니다. 내용도 틀립니다.

③ '무덤 안의 그림은 색의 상태가 좋은 편이다.'의 중요 단어는 '무덤 안', '그림', '색'이라는 말입니다. 제시글에서 찾아 보겠습니다. "이 무덤은 오랜 시간이 지났지만 색이 거의 그대로 보존되어 있어"에서 '색이 거의 그대로'라는 말을 통해 답이라는 사실을 알 수 있습니다.

④ '무덤 바닥에서 다양한 문자와 그림이 발견됐다.'는 어떤가요? '무덤 바닥', '문자, 그림'이 중요한 말인데요. "무덤 벽에는 고대 문자와 다양한 색의 그림이 가득했다."라고 했는데, '무덤 바닥'이 아니라 '무덤 벽'이네요.

그래서 답은 ③입니다.

이렇듯, 첫 문장을 통해 무엇에 대해서 말하는 것을 확인합니다. 그리고 선택지의 중요 단어를 위의 제시글에서 하나씩 확인하면 쉽게 정답을 찾을 수 있습니다.

아래 어휘들은 9번에 나오는 것들이므로 꼭 외우십시오.

어휘	의미	사용 예시
일시	시간	연월일시: 2023년 3월 25일(토) 09:00
기간		이용 기간: 3월 2일~10일
평일	월요일-금요일	평일 09시~17시
주말	토요일-일요일	주말 09시~12시
대상	목표한 사람	참가 대상: 중학생
내용	하는 일	내용: 5㎞ 달리기
비	돈	참가비
요금		이용 요금, 단체 요금
료		관람료, 이용료
금액		지원 금액
제한 없음	누구나, 모두	이용 대상: 제한 없음
무료	돈을 안 냄	참가비: 무료
방법	하는 법	이용 방법
불가(하다)	안 되다	예약 불가
예약(하다)	장소를 미리 약속하다	예약 불가
접수(하다)	받다	예약 접수
당일	바로 그날	당일 예약 불가
포함(하다)	N까지 들어감	샤워장 이용료 포함
홈페이지	Homepage	홈페이지에서 예약
N이내	N 안에	10분 이내
가능(하다) ≠불가능(하다)	할 수 있다	신청 가능
N 제외(하다) ≠ 포함(하다)	빼다	잡지 제외

단	그런데, 그러나	단, 초등학생은 무료

아래 내용은 10번에 나오는 표현들이므로 꼭 외우십시오!

표현	예시
변화가 있다 ≠없다	순위의 변화가 있었다.
새롭게 N 안에 들다	새롭게 3위 안에 들었다.
순위가 떨어지다≠올라가다	교사는 2위로 순위가 떨어졌다.
V–는 비율은 A가 B보다 높다≠낮다	종이 신문을 읽는 비율은 노인이 젊은이보다 높았다.
V–는 응답이 절반을 넘다	게임을 하겠다는 응답이 전체의 절반을 넘었다.
N(이)가 (시간)보다 늘다≠줄다	마스크 구입이 2022년보다 줄었다.

11번, 12번은 어떠한 주제의 글인지 확인해 보겠습니다. 그리고 선택지의 핵심어를 확인해보겠습니다.

11번입니다.

횟수	주제	선택지의 핵심어			
		①	②	③	④
83회	안데르상 수상	상, 만들어지다	한국인, 처음	직접 경험이다	자신의 작품, 제출하다
64회	시상식 개최	소비자, 수상 브랜드	기업들, 온라인 투표	지난해, 더 많은	친환경 화장품
60회	올해의 여름 교복	학부모, 정장형 교복	새 교복, 비싸다	새 교복, 활동, 불편하다	학생들의 의견, 교복, 바꾸다
52회	감사 편지	관광객, 감사	잃어버린 지갑, 찾지 못하다	경찰, 관광객, 편지를 쓰다	경찰, 이해하지 못하다
47회	만화 카페	만화방, 실내 분위기	남성들, 인기를 끌다	커피를 마시다, 새롭게 태어나다	볼거리, 먹을거리, 즐기다

횟수	주제	선택지의 핵심어			
		①	②	③	④
41회	초록 콩나물	노란 콩나물, 햇빛	초록 콩나물, 검은색 천	노란 콩나물, 피로 회복	초록 콩나물, 영양가
37회	말하기 대회 개최	원고, 제한	외국, 참가하다	본선 참가자, 홈페이지	신청자, 신문사, 원고
36회	광화문 콘서트	평일, 녹화	오래된 음악 프로그램	인터넷, 신청	여러 명의 가수
35회	추억극장	옛날, 영화 포스터	추억의 공간, 만들어지다	입장료, 없다	최근, 영화

12번입니다.

횟수	주제	선택지의 핵심어			
		①	②	③	④
83회	인주시 지진 발생	지진, 늦은 밤	시민들, 상황실	큰 피해 입다	더 이상 일어나지 않는다
64회	고대 무덤의 발견	무덤의 주인	구경하는 사람들	그림, 색의 상태	무덤 바닥, 문자, 그림
60회	무료 카페	간식, 주민	주민들, 적극적으로 돕다	주민들, 돈을 벌다	택배 기사들, 운영에 참여하다
52회	혼자 보는 공연의 증가	사람들, 연극, 뮤지컬, 혼자 보다	혼자 보다, 집중, 장점	사람들, 신경을 쓰지 않다	혼자 보는 사람, 줄고 있다
47회	카카오	집중력, 높이다	초콜릿, 영양 성분, 풍부하다	초콜릿 형태, 건강, 좋다	재료, 카카오, 처음으로
41회	움직이는 손과 뇌의 관계	뇌 건강, 손을 움직이는 것	간단한 일, 자극받지 않다	뇌 활동, 익숙한 방법	사용하지 않던 손, 움직임
37회	조시실 안이 보이는 식당	건물 전체, 유리	손님들, 음식 만드는 곳	조리실, 구분이 없다	매일, 다른 공연
36회	종이 신문	직접 방문, 조사	인터넷 사용, 줄다	절반, 집으로 배달되는 신문	조사, 같은 가구, 대상
35회	가면	가면, 성격을 바꾸다	현실, 잘 보다	원하던 모습, 표현	힘을 자랑, 호랑이 가면

※ [1~16] 다음 글 또는 그래프의 내용과 같은 것을 고르십시오. (각 2점)

1.

제2회 서울 마라톤 대회

일　시: 2023년 8월 25일(토) 09:00~14:00
참가대상: 제한 없음
내　용: 5km, 10km, 42.195km
참가비: 10만원

① 이 대회는 이번에 처음으로 열린다.

② 이 대회에 참가하려면 돈을 내야 한다.

2.

인주시 수영장 이용 안내

이용 기간: 5월 ~ 8월
이용 방법: 홈페이지(www.injuswim.com)에서 예약
　※ 당일 예약 가능

이용 요금
어린이: 5,000원
성인: 10,000원
문의: 수영장 관리사무소 031) 345-1234

① 당일에 예약을 할 수 없다.

② 수영장은 겨울에 이용할 수 없다.

3.

2023 도서 구매 신청 안내

신청 기간: 2월 1일~11월 30일
신청 방법: 도서관 홈페이지
단, 도서는 한 권당 3만원까지 구매 가능(잡지 제외)

① 1년 내내 신청할 수 있다.

② 신청할 수 없는 책 종류가 있다.

4.

제1회
코로나 극복 기념 축제

기 간 : 2023년 7월 1일(토)~7월 2일(일)
장 소 : 인주 체육관
행사 내용: 이가인 등 유명 가수 공연

※ 행사에 참여하고자 하는 분은 홈페이지에서 예약하기시 바랍니다.

① 축제는 올해 처음 열린다.

② 축제에서 노래를 부를 수 있다.

5.

대학생 희망 직업 어떻게 달라졌을까?

조사 대상: 대학생 5,000명

2014년		2024년
공무원	1위	대기업 사원
대기업 사원	2위	공무원
교사	3위	간호사
간호사	4위	개인 사업
개인 사업	5위	교사

① 1위 순위의 직업은 동일하다.

② 공무원은 순위의 변화가 있었다.

6.

취미로 가장 하고 싶은 일

조사 대상: 20, 30대 남녀 각 500명

① 남성은 여성보다 종교 활동을 덜 하고 있다.

② 여성은 남성보다 봉사 활동을 더 하고 싶어 한다.

7.

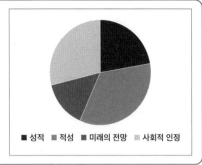

대학 전공 선택의 기준

〈조사대상: 고등학생 남녀 5,000명〉

■ 성적 ■ 적성 ■ 미래의 전망 ■ 사회적 인정

① 미래의 전망을 중요하게 생각하는 사람이 가장 많다.

② 성적보다 사회적 인정을 중요하게 생각하는 사람이 더 많다.

8.

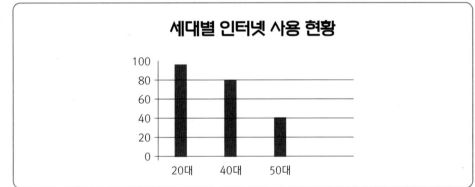

세대별 인터넷 사용 현황

① 20대보다 50대가 인터넷 사용을 적게 한다.

② 인터넷을 하는 사람의 비율은 20대와 40대가 같다.

9.

지난 25일 토요일에 '제15회 서울 문학상' 시상식이 인주예술관에서 개최되었다. 이 상은 시와 소설 작가에게 주는 상으로 전문가들과 독자들의 온라인 투표로 결정되었다. 지난 해와 달리 시에서는 수상작이 없었지만 소설에서는 김영주 씨가 서울 문학상 대상에 선정되었다.

① 지난해처럼 시에서도 수상자가 나왔다.

② 전문가, 독자들이 온라인 투표를 하였다.

10.

대학교 동물병원을 찾아 진료받으러 오는 반려동물들이 늘고 있다. 반려동물과 지내는 문화가 대중화된 지 15년이 넘어가면서 늙고 병들어 병원을 찾는 반려동물도 많아졌다. 보호자들은 아기 같은 반려동물이 늙어가는 모습에 슬퍼했다.

① 대학교 동물병원은 반려동물끼리의 교제의 장소가 되었다.

② 반려동물도 인간처럼 노쇠하여 몸이 늙고 병에 걸리기도 한다.

11.

최근 치킨 사업을 하는 김 씨는 5,000원을 내밀며 치킨을 먹을 수 있냐는 한 형제의 부탁을 받았다. 이에 김 씨는 5,000원을 받지 않고 치킨을 제공하였고 또한 배고프면 언제든지 찾아와도 좋다고 말했다. 이런 사실이 알려지자 김 씨의 가게에 가서 치킨을 사 먹는 사람들이 부쩍 많아졌다.

① 김씨 가게의 치킨은 가격이 5,000원으로 저렴하다.

② 한 형제가 치킨 가게에서 무료로 치킨을 먹을 수 있었다.

12.

　　작년부터 마트에서 소비자에게 제공했던 종이 상자들과 상자용 테이프들이 사라졌다. 처음에는 소비자들이 종이 상자가 사라져 불편을 호소했다. 그러나 소비자들에게는 차츰 장바구니를 가지고 다니기 시작해야 한다는 인식이 자리 잡았다. 요즘은 90% 이상의 소비자가 집에 놓여 있던 장바구니를 가지고 나온다. 환경 보호는 희망적이다.

① 마트에서 종이 상자를 놓을 곳이 없어 없애 버렸다.

② 소비자들은 장바구니를 휴대해야 한다고 생각하게 되었다.

13.

　　최근 한 지방에서 열병에 걸린 야생 멧돼지가 발견됐다. 지역 신문에 따르면 지난달 27일 야산 안에서 주민이 발견한 야생 멧돼지 한 마리가 전날 열병에 감염된 것으로 확인됐다. 이 지방에서는 북부지역을 중심으로 열병 감염 야생 멧돼지가 잇따라 발견되고 있어서 주의해야 할 필요가 있다.

① 야산 안에서는 주민이 돼지들을 키우고 있다.

② 북부지역에서 야생 멧돼지들이 지속적으로 나타난다.

14.

최근 한 장학회가 지난 1일 올해 인주 고등학교 입학식에 신입생 전원에게 장학금을 전달해서 화제가 되고 있다. 장학회는 이날 인주 중학교를 졸업하고 올해 인주 고등학교에 진학한 신입생 전원에게 1인당 40만원, 타 지역 중학교 출신 3명에게는 1인당 70만 원씩 장학금을 전달했다. 지난 2010년 설립된 장학회는 학령 인구 감소에 대한 해결 방안을 찾다가 인주고 신입생 확보를 목표로 지난해부터 인주 고등학교에 지원을 해오고 있다.

① 장학회는 타 지역 중학교 출신에게만 장학금을 주었다.

② 장학금 지원은 학령 인구가 줄어드는 문제를 해결하기 위한 것이다.

15.

피아니스트 이가람 씨가 미국 뉴욕 카네기홀에서 공연을 한다. 카네기홀은 음악인들의 '꿈의 무대'로 알려져 있는데 카네기홀 홈페이지를 통해 올해 이가람 씨가 5월 7일에 독주회를 연다고 소식을 알렸다. 홈페이지 글에는 한 콩쿠르 대회에서 최연소 우승을 한 피아니스트가 마침내 카네기홀 최고 무대에 데뷔한다고 했다.

① 음악인이라면 누구나 미국 뉴욕 카네기홀에서 연주회를 할 수 있다.

② 이가람 씨는 콩쿠르에서 최연소로 우승을 했고 최고의 자리에서 연주를 한다.

16.

> 수영은 온 몸을 사용하고 유산소 운동 효과까지 있어 누구나 좋아한다. 또한 수중에서는 지상에서보다 중력이 덜 해서 운동할 때 좋은 효과를 볼 수 있다. 이렇게 장점이 여러 가지이기 때문에 갈수록 수영의 인기가 높아지고 있다. 특히 수영이 허리 통증에 효과가 좋다고 알려져 있다. 그러나 이는 반만 맞는 사실이다. 수영 방법에 따라 척추에 무리를 줄 수 있기 때문이다.

① 수영은 척추에 분명한 무리를 주어 건강에 안 좋은 영향을 끼친다.

② 수영은 유산소 운동이 되고 수정에서 중력이 적어 효과가 좋은 운동이다.

※ [1~12] 다음 글 또는 그래프의 내용과 같은 것을 고르십시오. (각 2점)

1.

2023 인공지능 프로젝트 지원

인주대학교가 여러분의 꿈을 응원하고 지원합니다.

▶ 신청 대상: 인주대학교 7인 이상의 모임

　　※ 지도교수 1명 이상이 포함되어야 함

▶ 지원 금액: 한 학기 최대 800만 원이며 1년 지원함

▶ 지원 기간: 2023년 5월 1일~2024년 4월 31일

① 프로젝트 지원은 인주시와 인주대학교에서 한다.

② 프로젝트 모임은 대학생으로만 구성되어야 한다.

③ 프로젝트 지원 금액은 1년 동안 1600만 원이다.

④ 프로젝트 팀에는 지도 교수 3인이 반드시 있어야 한다.

2.

거북섬 쿵쿵 낚시 축제

▶ 일시: 2023년 12월 15일~2024년 2월 29일
▶ 장소: 인주시 거북섬

▶ 대상: 제한 없음
▶ 참가비: 성인 20,000원 어린이 5,000원(단, 8세 이하 유아는 무료)
▶ 신청 방법: 홈페이지에서 접수
▶ 문의 전화: 031-333-1234

① 축제는 1년 내내 계속된다.

② 가족들만 참가가 가능하다.

③ 신청은 인터넷으로 해야 한다.

④ 5살 아이는 5,000원을 내야 한다.

3.

인주시 국화꽃 전시회

전시 기간: 2023년 10월 5일(목) ~ 10월 25일(수)
전시 시간: 09:00~ 17:00
(오전 11시마다 국화 증정과 해설의 시간이 있음)
전시 장소: 인주시청 앞 광장

전시 구성
국화: 대국, 중국, 소국
기타: 메리골드, 목화, 억새 등
전시 문의: 인주시청 야외관리과 031-333-1666

① 전시 기간은 한 달이다.

② 전시되는 꽃은 국화뿐이다.

③ 11시 전에 가면 국화를 받을 수 있다.

④ 전시 장소는 인주 시청 안과 광장이다.

4.

대학교 마트에서 많이 팔리는 상품은?

① 도시락 구입이 2017년보다 줄었다.

② 라면 판매가 2017년에 비해 늘었다.

③ 두 해 모두 음료수가 가장 적게 팔렸다.

④ 2019년에는 화장품이 가장 많이 판매되었다.

5.

남녀 대학생의 건강 관리법

① 남성은 운동보다 금연을 더 중요하게 여긴다.

② 남녀 모두 운동하는 것을 중요하게 생각한다.

③ 아침을 먹는 사람은 남자보다 여자가 더 많다.

④ 여성은 운동보다 규칙적인 생활을 택하고 있다.

6.

20대, 30대, 뉴스를 어디에서 들으십니까?

① 20대, 30대 모두 종이 신문을 가장 덜 본다.

② 30대는 인터넷 신문보다 텔레비전 뉴스를 선호한다.

③ 인터넷 신문은 20대, 30대 모두 전체의 반을 넘지 않는다.

④ 뉴스에 관심 있는 사람에 비해 뉴스에 관심 없는 사람이 더 많다.

7.

> 　지난 5월 7일 드라마 〈시계게임〉의 오병기 배우가 미국 골든 시네마 시상식에서 텔레비전 부문 남우조연상을 수상했다. 7일 미국 시네마 신문에 따르면 오병기는 미국 뉴욕 호텔에서 열린 제66회 텔레비전 부문 남우조연상 수상자로 선정됐다. 한국 영화가 〈스마트폰〉으로 영화상을 받은 적은 있지만 배우로서 미 골든 시네마에서 수상한 것은 이번이 처음이다.

① 〈스마트폰〉으로 영화상을 받은 적이 없다.

② 수상식은 미국 로스엔젤레스 호텔에서 처음 열렸다.

③ 이번에 오병기 배우가 일본에서 남우조연상을 수상했다.

④ 미국 골든 시네마에서 오병기를 남우조연상으로 선정하였다.

8.

> 　인주 간호 학교가 25일 졸업식을 열고 간호사 50명을 배출했다. 이번 졸업식에서는 개교 이래 처음으로 남학생이 수석으로 졸업했다. 2010년 남학생에게 문호를 개방한 이후 인주 간호 학교에서 남학생 김석열이 수석 졸업한 것은 이번이 처음이다. 김 간호사는 앞으로 최선을 다해 환자들을 돌보겠다고 소감을 밝혔다.

① 이번에 졸업한 학생들은 모두 여성이었다.

② 김 간호사는 의사의 역할을 하게 될 예정이다.

③ 이 졸업식 이전에도 남학생이 수석 졸업한 적이 있었다.

④ 학교가 문을 연 이후에 처음으로 남학생이 1등으로 졸업했다.

9.

> 최근 유명 수영 선수인 김지인에게 물질적 지원을 해준 기업 대표가 있어 화제다. 이 대표는 조건 없이 이 수영 선수에게 돈이 필요한 대로 지원을 했다고 한다. 원하는 식사 음식부터 호텔에 이르기까지 이 선수가 편안히 수영에만 몰두할 수 있도록 도움을 주었다. 그 결과 김지인 선수는 여러 수영 대회에서 금메달을 받은 바 있다. 김지인 선수는 최근에 그 기업 대표가 누구인지 밝혔고 이를 알게 된 사람들은 감동했다.

① 김지인 선수는 여러 대회에서 은메달을 받은 적이 있다.

② 기업 대표는 김지인 선수에게 정신적인 상담을 해 주었다.

③ 기업 대표는 식사 음식은 제공했으나 호텔은 그렇지 않았다.

④ 기업 대표는 무조건 선수가 필요한 대로 도움을 주고자 했다.

10.

> 최근 이전과 다른 특별한 키즈카페가 등장하여 인기가 많다. 인주 키즈카페는 놀이시설, 체험활동 시설은 물론 보호자를 위한 편의시설까지 갖추고 있다. 그래서 가족 단위로 와서 식사를 하거나 음료수도 마실 수 있다. 인주 키즈카페는 텔레비전 스튜디오, 레이싱존, 주방 시설 등의 프로그램과 야외 활동을 할 수 있도록 실외 잔디 공간도 있다.

① 기존과는 다른 새로운 카페가 나타나 인기이다.

② 인주 키즈카페는 어른들의 식사를 위한 편의시설도 있다.

③ 인주 키즈카페는 텔레비전이 있어서 재미있는 프로그램을 본다.

④ 인주 키즈카페는 야외 활동을 할 수 있지만 잔디 공간은 없다.

11.

> 　최근 ㈜우리 자동차는 올해 총 1,700여 명 규모의 생산직을 채용하기로 했다. 우리 자동차 생산직은 2023년 기준 20년차 직원의 평균 연봉은 9,000만 원 정도이다. 만 60세 정년 보장을 할 뿐만 아니라 자녀에게 대학 학자금도 전액 지원된다. 이에 취업준비생들 사이에 우리 자동차 생산직을 지원해야 한다는 바람이 불고 있다.

① 자동차 회사들이 생산직을 모집하기로 했다.

② 자동자 생산직 직원에 채용되면 연봉 9,000만 원을 받는다.

③ 취업 준비생들은 자동차 회사보다는 전자 회사를 선호한다.

④ 취업 준비생들이 우리 자동차 생산직에 지원하려고 노력한다.

12.

> 　지난 1일 외국 주재 한국대사관 직원이 모두 나와 제작된 영화 주제가 모방 댄스 영상이 현지에서 큰 화제를 모으고 있다. 이 영상 조회수는 하루만에 500만 회를 넘었다. 현지 총리도 이 영상을 공유했는데 조회수가 300만 회를 돌파했다. 60초 분량의 이 영상은 지난해 개봉돼 크게 흥행한 영화의 군무 장면을 따라한 것이다.

① 현지 총리가 이 영상을 공유했고 조회수도 어마어마했다.

② 외국 주재 한국대사관이 제작한 영화 댄스가 큰 인기를 끌고 있다.

③ 댄스 영상은 재작년에 개봉되어 흥행에 성공한 영화의 군무 장면이다.

④ 한국 영화 주제가에 대한 모방 댄스 영상이 큰 화제를 모으고 있다.

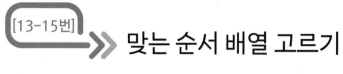

맞는 순서 배열 고르기

[13-15번]

① 사전 수업

🔍 이것을 기억하세요!

순서 배열 문제입니다.

[13~15] 1. (가), (나), (다), (라) 중에서 **맨 앞이 무엇인지 선택하세요.** 그러면 선택지가
두 개로 줄게 됩니다. 그리고 그 두 개의 내용을 확인하세요.

2. **문장의 순서**가 어떠한지 공부하세요.

3. 주장 + 이유 ['-아/어야 한다+ -기 때문이다'], 구체적인 설명 ['-는 것이다']
등의 표현을 익히세요.

※ [13~15] 다음을 순서대로 맞게 배열한 것을 고르십시오. (각 2점)

13.
> (가) 회사의 1층 로비를 외부인에게 개방하는 회사가 많아졌다.
> (나) 사람들은 작품을 감상하고 커피를 마시면서 시간을 보냈다.
> (다) 미술관과 카페를 만들어 사람들이 와서 즐길 수 있게 한 것이다.
> (라) 이 공간을 이용하는 사람이 늘면서 회사의 이미지도 좋아지고 있다.

① (가)-(다)-(나)-(라) ② (나)-(라)-(다)-(가)
③ (다)-(나)-(라)-(가) ④ (라)-(나)-(가)-(다)

14.
> (가) 차에서 내려 앞차의 주인에게 사과하고 사정을 설명했다.
> (나) 앞차 주인은 큰 사고가 아니니 괜찮다며 그냥 가라고 했다.
> (다) 친절한 배려 덕분에 딸은 무사히 병원에 도착해 치료를 받았다.
> (라) 아픈 딸을 병원으로 급하게 데려가다가 앞차와 부딪쳐서 사고를 냈다.

① (나)-(라)-(다)-(가) ② (나)-(가)-(라)-(다)
③ (라)-(가)-(나)-(다) ④ (라)-(가)-(다)-(나)

15.
> (가) 선택에 대한 부담으로 구매를 망설이다가 포기하기도 한다.
> (나) 선택에 대한 고객의 부담을 줄여 구매를 유도하려는 것이다.
> (다) 그래서 마트에서는 품목별로 몇 가지의 제품만 매장에 진열한다.
> (라) 소비자는 선택의 폭이 넓을수록 물건을 고를 때 어려움을 겪는다.

① (나)-(가)-(라)-(다) ② (나)-(라)-(가)-(다)
③ (라)-(가)-(다)-(나) ④ (라)-(다)-(가)-(나)

13번의 선택지를 보겠습니다. (가), (나), (다), (라)가 모두 선택지 각각 맨 앞에 있으므로 먼저 글의 맨 앞에 있어서는 안 되는 문장을 찾습니다. 우선, (다)에서는 '-(으)ㄴ/는 것이다'라고 했습니다. 이것은 앞 문장의 의미를 말하기 때문에 글 맨 앞에 올 수 없습니다. 예를 들면 다음과 같이 쓸 수 있습니다. 〈나는 음식 가격이 싼 학교 식당을 자주 찾는다. 돈이 없는 것이다.〉

(라)의 '이 공간'에서도 '이'가 있기 때문에 이 문장이 맨 앞에 올 수 없습니다. 예를 들면 다음처럼 쓸 수 있습니다. 〈나는 학교 식당을 자주 찾는다. 이 식당은 가격이 싸다.〉

따라서 (가), (나), (다), (라) 중에서 (다), (라)는 뺍니다. (나)를 읽겠습니다. "사람들은 작품을 감상하고 커피를 마시면서 시간을 보냈다." 이 문장 조금 이상합니다. '어디에서'가 없습니다. 어디에서 "작품을 감상하고 커피를 마시면서 시간을 보냈다."는 것인가요? 이 문장도 맨 앞에 올 수 없습니다. 완전한 문장이 아니기 때문입니다.

결국 이 글의 맨앞에 올 문장은 (가)입니다. "(가) 회사의 1층 로비를 외부인에게 개방하는 회사가 많아졌다." 그러니까 답은 ①입니다.

14번의 선택지를 보겠습니다. (나)와 (라)가 맨 앞에 있으므로 두 선택지를 먼저 봅니다. "(나) 앞차 주인은 큰 사고가 아니니 괜찮다며 그냥 가라고 했다" 는 일이 있고 난 후의 일입니다. 그러니까 맨 앞에 올 수 없습니다. (라)를 보지요. "사고를 냈다"고 했으니까 이 문장이 맨 앞에 있어야 합니다. ③이나 ④가 답입니다. 두 선택지 모두 (라)-(가)로 이어지고 있습니다. (다)의 '치료를 받았다'가 마지막이므로 답은 ③입니다. 정리하면, "사고를 냈다", "사정을 설명했다.", "그냥 가라고 했다.", "치료를 받았다"로 이어지고 있습니다. 이처럼 한국어 이야기에서 중요한 사건은 문장 끝인 서술어에 있다는 사실도 잊지 마십시오.

15번도 선택지 (나)와 (라) 중에서 어느 것이 맨 앞에 와야 하는지 확인해 보겠습니다. (나)에 '-는 것이다'가 있습니다. 이 표현은 앞의 내용의 이유를 말할 때 쓰는 문법 표현입니다. 따라서 앞에 올 수 없습니다.

그렇다면 (라)가 맨 앞에 와야 합니다. ③과 ④ 중의 하나입니다. 답은 ③입니다. (라)에서 "소비자는 선택의 폭이 넓을수록 물건을 고를 때 어려움을 겪는다."고 했습니다. 어려움을 어떻게 겪는데요? (가) "선택에 대한 부담으로 구매를 망설이다가 포기하기도 한다."겠네요. 그래서 답은 ③입니다.

순서 배열 문장의 성격 확인합니다!
1. 첫 문장은 일반적으로 완전하다.
2. 나머지 문장은 구체적이거나 불완전하다.
3. 문장들은 꼬리에 꼬리를 문다. 내용이 계속 이어진다.

※ [1~12] 다음을 순서에 맞게 배열한 것을 고르십시오. (각 2점)

1.
> (가) 따라서 밝은 생각을 가지고 앞으로 나아가야 한다.
>
> (나) 어떠한 태도를 가지고 있느냐가 성공의 열쇠가 된다.
>
> (다) 그러나 긍정적인 태도가 있다면 어려움도 재미가 될 수 있다.
>
> (라) 부정적인 태도를 가지고 있다면 어려움 앞에서 포기할 것이다.

① (가)-(다)-(나)-(라)   ② (나)-(라)-(다)-(가)

2.
> (가) 고장난 곳에 비싼 부품이 필요하다고 하였다.
>
> (나) 휴대 전화가 고장 나서 가까운 대리점으로 갔다.
>
> (다) 부품이 생각보다 비쌌기 때문에 새 휴대 전화로 바꾸었다.
>
> (라) 대리점 직원은 정성을 다해 고장난 곳을 고쳐주려고 하였다.

① (가)-(다)-(나)-(라)   ② (나)-(라)-(가)-(다)

3.
> (가) 인주시 음식은 넉넉한 인심을 보여줄 뿐만 아니라 식재료 본연의
> 맛을 가지고 있다.
>
> (나) 특별한 한 끼 식사만으로 몸과 마음이 든든해지고 상쾌해지는
> 기분이었다.
>
> (다) 관광지라는 이미지로 잘 알려지지는 않았지만 인주시 음식은 정말
> 맛있다.
>
> (라) 사람들은 별미를 즐기고자 이곳을 찾는데 직접 맛본 음식들은
> 생각보다 더욱 특별했다.

① (다)-(가)-(라)-(나)   ② (다)-(가)-(나)-(라)

4.

(가) 창의적인 사람은 좋아서 일을 한다고 한다.

(나) 그것들보다는 내적인 동기가 가득 차 있어야 한다.

(다) 그들에게는 돈이나 명예와 같은 것들이 중요하지 않다.

(라) 그러한 상황에서 아이디어와 성과가 나올 가능성이 높다.

① (가)-(다)-(나)-(라)　　　　② (나)-(라)-(다)-(가)

5.

(가) 또한 운동, 금주, 충분한 수면과 같은 실생활 습관도 필요하다.

(나) 안면 홍조증 증상은 계절의 영향을 받는데 일시적이기도 하고 영구적이기도 하다.

(다) 홍조증은 계절의 영향을 받지 않도록 약물 치료, 레이저 치료 등을 시도해 볼 수 있다.

(라) 추운 바깥에 있다가 더운 환경에 가게 되면 얼굴이 붉어지는 안면 홍조증이 발생할 수 있다.

① (라)-(다)-(나)-(라)　　　　② (라)-(나)-(다)-(가)

6.

(가) 회사에 바쁜 일이 있어 긴장하며 일찍 일어났다.

(나) 마음이 바빠 차에 시동을 걸고 아파트를 출발했다.

(다) 속도를 내려고 하는데 빨간 신호등이 켜져 차를 멈췄다.

(라) 아이들이 횡단보도를 건너는 모습을 보니 웃음이 나왔다.

① (가)-(나)-(다)-(라)　　　　② (가)-(라)-(다)-(가)

7.

> (가) 나무는 한 그루당 10만 원으로 정했고 현재 2만 그루를 심었다.
> (나) 이 인증제는 기업이 나무를 많이 심게 해 온실가스를 줄이자는 것이다.
> (다) 인주시는 이러한 기업들에게 환경상을 추천하는 등 특전도 주기로 했다.
> (라) 최근 인주시가 나무를 기부하는 기업에게 환경보호 인증제를 시행하기로 했다.

① (라)-(다)-(나)-(가)　　　② (라)-(나)-(가)-(다)

8.

> (가) 또한 피를 맑게 하고 면역력을 높이고 어린이의 성장에 도움이 된다.
> (나) 카로티노이드 같은 성분은 노화를 늦추는 물질이 일반콩보다 4배나 많다.
> (다) 그 효과 중 하나는 모발 성장에 좋은 성분도 있어 탈모 예방에 도움이 된다.
> (라) 검은콩은 일반콩과 영양 면에서 크게 다르지 않지만 까만 껍질에 있는 성분이 특별하다.

① (라)-(나)-(다)-(가)　　　② (나)-(라)-(다)-(가)

9.

> (가) 사랑 이야기는 결혼으로 끝나기 마련이다.
> (나) 남녀가 속한 가문이 서로 미워해서 만날 수 없었기 때문이다.
> (다) 그런데 두 남녀가 사랑했지만 비극적으로 끝나는 이야기도 있다.
> (라) 두 남녀가 사랑에 빠지고 어려움을 극복하고 행복하게 결혼하는 것이다.

① (가)-(다)-(나)-(라)　　　② (가)-(라)-(다)-(나)

10.

> (가) 번역에는 직역과 의역 논쟁이 있었다.
>
> (나) 일반적인 책은 독자가 쉽게 이해할 수 있도록 의역이 좋다.
>
> (다) 반면에 전문적인 서적은 직역을 하는 것이 더 좋다고 본다.
>
> (라) 직역은 글자 그대로 하는 번역이고 의역은 의미에 맞게 하는 번역이다.

① (가)-(라)-(나)-(다)　　　　② (나)-(라)-(다)-(가)

11.

> (가) 물론, 학생들이 이해할 수 있도록 설명을 잘 해야 한다.
>
> (나) 유능한 교사는 설명할 뿐만 아니라 유머 기술도 있어야 한다.
>
> (다) 뿐만 아니라, 설명한 다음에는 웃기는 유머를 보여 주어야 한다.
>
> (라) 웃음 속에서 설명한 개념을 이해하고 기억할 수 있기 때문이다.

① (가)-(다)-(나)-(라)　　　　② (나)-(가)-(다)-(라)

12.

> (가) 자기 전에 스마트폰의 동영상을 보았더니 눈이 나빠졌다.
>
> (나) 그래서 잠을 자기 전에 스마트폰을 덮고 자기로 결심했다.
>
> (다) 병원 의사는 깜깜한 곳에서 스마트폰을 보면 큰 일 날 수 있다고 했다.
>
> (라) 결심한 이후 잠이 오지 않아서 다시 불을 켜고 스마트폰을 보기 시작했다.

① (가)-(다)-(나)-(라)　　　　② (나)-(라)-(다)-(가)

※ [1~9] 다음을 순서에 맞게 배열한 것을 고르십시오. (각 2점)

1.

> (가) 그래서 그런지 김소라의 음반에는 연주의 독특함이 있다.
> (나) 피아니스트 김소라는 평소에 거의 클래식 음악만을 듣는다.
> (다) 하지만 녹음 연습할 때는 다른 연주자의 음반을 듣지 않는다.
> (라) 배울 때 들으면 다른 연주자의 영향을 받기 때문이라는 것이다.

① (가)-(다)-(나)-(라)   ② (나)-(다)-(라)-(가)

③ (다)-(가)-(나)-(라)   ④ (라)-(나)-(가)-(다)

2.

> (가) 늦게 일어난 탓에 학교 버스를 놓쳤다.
> (나) 밀린 수업 과제를 하느라고 늦게 일어났다.
> (다) 동창생을 만나 지나온 삶을 이야기할 수 있어서 좋았다.
> (라) 버스를 포기하고 지하철을 탔는데 오래전 동창생을 만났다.

① (나)-(라)-(다)-(가)   ② (나)-(가)-(라)-(다)

③ (라)-(가)-(나)-(다)   ④ (라)-(가)-(다)-(나)

3.

> (가) 그 다음에 대출할 도서를 올린 후 확인을 누른다.
> (나) 책을 대출하기 위해서는 대출기에서 대출을 선택한다.
> (다) 대출된 도서를 확인한 다음에 완료를 누르고 책을 가져간다.
> (라) 대출을 선택한 후 신분증을 인식시키고 비밀번호를 입력한다.

① (나)-(가)-(라)-(다)   ② (나)-(라)-(가)-(다)

③ (라)-(가)-(다)-(나)   ④ (라)-(다)-(가)-(나)

4.

> (가) 토끼는 빠르게 뛰었지만 잠과 휴식을 즐겼다.
>
> (나) 누구나 빠를 수는 있으나 계속 걸을 수는 없다.
>
> (다) 경주에서 거북이가 토끼를 이긴 비결은 끈기이다.
>
> (라) 그러나 거북이는 잠과 휴식을 잊은 채 줄곧 걸었다.

① (가)-(다)-(나)-(라)   ② (나)-(라)-(다)-(가)

③ (다)-(가)-(라)-(나)   ④ (라)-(나)-(가)-(다)

5.

> (가) 마늘을 많이 먹는 사람들은 건강상 이점을 많이 누리고 있다.
>
> (나) 마늘이 면역력을 키워줄 뿐만 아니라 감기에도 특효라는 사실이다.
>
> (다) 그러나 입 냄새를 풍긴다고 해서 건강하게 하는 작용을 포기할 수는 없다.
>
> (라) 물론, 마늘도 입 냄새가 난다든지 알레르기를 유발한다든지 하는 부작용이 있다.

① (가)-(나)-(라)-(다)   ② (가)-(라)-(나)-(다)

③ (나)-(가)-(라)-(다)   ④ (나)-(가)-(다)-(라)

6.

> (가) 학기 초에 필요한 책이 생기면 중고서적 사이트를 찾는다.
>
> (나) 그런데 중고 책값도 예전과 달리 만만치 않아 사기가 망설여진다.
>
> (다) 이럴 때는 학교 도서관에 예약을 해서 오랫동안 빌려보는 게 답이다.
>
> (라) 물가가 올라서 부담이 되어 책이라도 저렴하게 구입하고 싶어서이다.

① (가)-(나)-(다)-(라)   ② (가)-(라)-(나)-(다)

③ (라)-(가)-(다)-(나)   ④ (라)-(다)-(가)-(나)

7.

> (가) 일상 생활을 잘해야 잘 사는 것이다.
>
> (나) 따라서 일상에서 가족과 친구와 잘 지내야 한다.
>
> (다) 특별하게 지내는 것도 좋지만 일상이 더 중요하다.
>
> (라) 사람들은 특별한 생활을 해야 의미가 있다고 생각한다.

① (가)-(다)-(나)-(라)　　② (나)-(라)-(다)-(가)

③ (다)-(가)-(나)-(라)　　④ (라)-(다)-(가)-(나)

8.

> (가) 1장 이상 쓰다 보면 더 많이 쓰게 된다.
>
> (나) 매일 아침 4시에 일어나서 글을 쓰기 시작했다.
>
> (다) 다 쓴 글을 읽으면서 내 마음을 정확하게 알게 되었다.
>
> (라) 내가 무엇을 하고 싶은지, 어떤 글을 쓰고 싶은지를 말이다.

① (나)-(라)-(다)-(가)　　② (나)-(가)-(다)-(라)

③ (라)-(가)-(나)-(다)　　④ (라)-(가)-(다)-(나)

9.

> (가) 동영상에는 뉴스, 영화, 노래 등 다양한 내용이 있다.
>
> (나) 요즘 심심풀이로 인터넷 동영상을 보는 사람들이 많다.
>
> (다) 심심할 때는 영화를 보면서 재미와 지식을 얻을 수 있다.
>
> (라) 하지만 오랫동안 동영상을 보면 시간을 쓸데없이 보낼 수 있다.

① (나)-(가)-(다)-(라)　　② (나)-(라)-(가)-(다)

③ (라)-(가)-(다)-(나)　　④ (라)-(다)-(가)-(나)

>> (   )에 들어갈 말 고르기

① 사전 수업

🔍 이것을 기억하세요.

[16~18] 1. **단락의 첫 문장, 곧 중심문장에서 핵심어를 찾아** 핵심어로 (   )를 **추측해 보세요**. 몇 가지 용어를 확인하겠습니다.

단락은 여러 문장이 모여서 한 가지 주제를 말하는 글의 단위입니다.
중심문장은 단락의 내용을 소개하거나 요약한 문장을 말합니다.
핵심어는 중심문장에 있는 중요 단어를 말합니다.

2. **(   )가 맨 앞이나 중간에 있으면** 그 다음 문장의 내용을 가지고 정답을 찾으세요.

3. **(   )가 맨 뒤에 있으면 그 앞의 문장 내용**으로 답을 정하세요.

🔍 문제 풀이 방법을 보세요. 64회입니다.

※ [16~18] 다음을 읽고 (   )에 들어갈 내용으로 가장 알맞은 것을 고르십시오.

(각 2점)

16.
> 상담을 통해 책을 추천해 주는 서점이 있어 화제가 되고 있다. 서점 주인은 손님과 오랜 시간 대화를 나눈 후 (   ) 책을 추천해 준다. 상처 받은 사람에게는 위로가 되는 책을, 자신감이 부족한 사람에게는 용기를 주는 책을 추천하는 방식으로 서비스를 제공한다.

① 내용이 재미있는   ② 지식을 전달하는

③ 사람들이 많이 읽는   ④ 손님의 상황에 맞는

16번 단락의 첫 문장에서 힌트를 얻어 볼까요? 핵심어만 보시죠. '상담', '책 추천'이 핵심어입니다. '상담으로 책을 추천한다'는 말이네요. 그러니까 사람마다 다른 책을 권한다는 말이잖아요!

두 번째 문장에서 '대화'를 하고 '책을 추천'한다고 합니다. <u>무슨 책일까요?</u>

정확한 것을 알기 위해서는 마지막 문장을 빨리 봅시다. '상처 받은 사람에게', '자신감이 부족한 사람에게' '책을 추천'한다고 합니다.

답은 ④ <u>'손님의 상황에 맞는'</u>밖에 없네요. '상황'이라는 말 기억해 두세요!

17.
> 샌드위치나 샐러드 등은 오래 보관할 수 없어 신선할 때 팔아야 한다. 이런 식품을 영업 마감 시간을 앞두고 사람들에게 할인된 가격으로 판매하는 서비스가 큰 호응을 얻고 있다. 음식점은 남은 음식을 팔아 수익을 얻을 수 있고, 소비자는 (   ) 이용자들의 만족도가 높다.

① 자원을 아낄 수 있어서   ② 식품을 저렴하게 살 수 있어서

③ 요리법을 배울 수 있기 때문에   ④ 음식을 선택할 수 있기 때문에

17번도 보시죠. 다시 첫 문장을 봅니다. '샌드위치', '샐러드' '신선할 때' 팔아야
한대요. 식품이니까 시간이 지나면 버려야 하죠.

두 번째 문장에서는 '영업 마감 시간', '할인된 가격 판매'얘기합니다. 할인 가격으로 안
팔리면 버려야 하니까 어쩔 수 없죠.

세 번째 문장에서 음식점, 소비자가 다 좋대요. 음식점은 '수익'을 얻고, 돈 번다는
말이죠. 소비자는 뭐가 좋을까요? 두 번째 문장에서 '할인된 가격'이라고 했으니까 돈
이야기겠지요. 소비자는 할인된 가격에 살 수 있죠. '할인 가격'은 '싼 가격', '저렴한
가격'이라고 할 수 있겠네요. 앞 문장에서 좋은 힌트를 얻을 수 있습니다.

그러니까 답은 ② '식품을 저렴하게 살 수 있어서'입니다.

18.

> 뮤지컬은 보통 한 역할에 여러 명의 배우들이 출연한다. 배우에 따라
> 연기나 분위기가 다르기 때문에 같은 작품이라도 색다른 느낌을 받을
> 수 있다. 그래서 뮤지컬 팬들은 (   ) 작품을 즐기기 위해 공연을
> 반복해서 관람한다.

① 입장료를 할인해 주는   ② 공연장에서 인기가 있는
③ 유행하는 노래가 나오는   ④ 각 배우들의 개성이 담긴

18번 단락의 첫 번째 문장은 '뮤지컬', '한 역할에 여러 명의 배우'라는 말을
확인합니다. 추측해 보세요. '여러 명의 배우'라는 말만 가지고도 답을 확인할 수
있습니다. ④에서 '배우들'이라고 했죠? 이게 답입니다.

두 번째 문장에서 '배우에 따라' '연기나 분위기가 다르다'고 했어요.

마지막 문장에서 '그래서'라고 했으니까 '배우'에 대한 이야기가 나와야 합니다.

답은 ④입니다.

정리해 보면 (   )가 앞이나 중간에 있으면 그 다음 문장을 찾아 읽으십시오. (   )가
맨 뒤에 있으면 바로 앞의 문장을 찾아 읽으십시오. 쉽게 답을 찾을 수 있습니다.

※ [1~12] (   )에 들어갈 말로 가장 알맞은 것을 고르십시오. (각 2점)

1.

> 주기적으로 등산을 하게 되면 질병으로부터 멀어질 수 있다. 등산은 고혈압, 당뇨와 같은 성인병을 치유해 준다. 이뿐만 아니라 우울증과 같은 (   ) 역할을 한다. 이렇듯 종합 치료제로서 등산은 톡톡한 역할을 하고 있다.

① 정신적인 장애도 없애주는   ② 신체적인 질병도 치유하는

2.

> 일반 유형의 자동차에 비해 전기차는 전기라는 연료가 큰 장점이다. 전기차 운전자는 일반 자동차 운전자가 지불해야 하는 비싼 유류비보다 (   ). 또한 이산화탄소나 질소를 배출하지 않아 친환경적이다. 당연히 환경오염이 적어 앞으로의 시대는 전기차와 같은 친환경 자동차의 시대가 올 것이다.

① 상대적으로 비싸게 지불한다.   ② 저렴한 비용을 지불한다

3.

> 남성의 역할이 육아와 가정일로 확대되고 있다. 예전에는 남성이 전통적으로 회사에서만 일하며 가족을 부양하여 살아왔지만 현재에는 집에서 (   ) 뿐 아니라 집안 일도 열심히 한다. 바야흐로 가정적인 남성들이 많아지고 있다.

① 일을 할   ② 아이를 돌볼

4.

> 90세를 앞둔 원로 배우의 무대를 향한 (　　　　). 올해 현역 최고령 배우인 이남기(88)는 연기 인생 60년 만에 처음 연극 연출에 도전했다. 〈고도를 그리며〉가 그의 연출 데뷔작인데, 처음이라 쉽지 않다며 웃는 그의 얼굴이 빛이 난다.

① 집념은 새해에도 이어지고 있다　　　② 고집은 이루기 어려울 듯하다

5.

> 영화산업에서 여성의 자리가 갑작스레 줄어들고 있다. 최근 공개된 자료에 따르면 영화 제작에 참여한 여성 인력의 비중은 꾸준히 증가하다가 지난해 감소세로 돌아섰다. 자세히 살펴보면 주연, 제작자를 제외한 감독, 프로듀서, 각본가, 촬영감독 직종에서 (　　　　).

① 여성이 모두 감소했다　　　　　　② 남성도 모두 줄어들었다

6.

> 반려동물을 위한 요양원이 등장해 화제다. 이곳에서는 노령의 반려동물이 편안히 지내다가 남은 생을 보낼 수 있도록 여러 시설을 선보이고 있다. 반려동물들은 이곳에서 식사와 간식을 제공 받을 수 있고, (　　　　) 하루를 보낼 수 있다. 게다가 수의사가 정기적으로 건강검진을 하고 목욕 및 미용도 쉽게 이용할 수 있게 하였다.

① 스마트폰으로 게임을 하면서　　　② 산책과 놀이를 충분히 하면서

7.

> 글쓰기는 (   ) 잘할 수 있다. 먼저, 글쓰기 주제 선택 단계로 이 단계가 있어야 제대로 방향을 잡을 수 있다. 다음으로 글쓰기 독자를 선택해야 글의 논리적 구조, 어휘 등을 선택할 수 있다. 그리고 작업 개요를 만들어 서론, 본론, 결론의 내용을 결정해야 한다. 넷째로, 참고자료를 읽으면서 정리해 개요에 맞게 글을 써 내려가야 한다. 마지막으로, 글을 다 쓴 후에 다른 사람으로부터 피드백을 받고 수정해서 제출해야 좋은 글을 만들 수 있다.

① 글 쓰는 과정을 터득해야   ② 읽기를 전략적으로 해야

8.

> 최근 화장품 모델은 화장품 상표를 직접적으로 보이지 않고 있다. 간접적으로 화장품을 사용하는 모습만 보이고 있어서 화제이다. 걸그룹 출신 에이는 광고에서 립스틱을 바르는 모습은 보여주지만 립스틱이 (   ).

① 무슨 상표인지는 보여주지 않는다

② 고급의 이미지를 지녔음을 알려준다

9.

> 대인관계능력은 갈등을 관리할 수 있는 능력까지 포함한다. 이 능력은 단체의 구성원 사이에 갈등 상황이 발생했을 때 서로를 이해시키고 갈등이 아니라 목표를 향한 화합에 이르게 하므로 중요하다. 예전에 갈등이 극심했던 주식회사 인주에서도 (   ) 세계적인 기업이 되었던 예를 살펴보면 이 능력의 중요함을 새삼 알 수 있다.

① 경영 관리를 잘 하여   ② 갈등 관리를 잘 하여

10.

　　온라인 마켓은 편리하기도 하지만 불편할 때도 생긴다. 책과 같은 경우를 온라인 마켓으로 주문할 경우에는 가격도 싸고 집에서 상품을 받을 수 있어서 편리하다. 하지만 옷을 온라인 마켓을 통해 주문하면 색이나 크기가 예상과 달라 문제가 생긴 경험이 있을 것이다. 이렇게 되면 소비자는 온라인 마켓을 불신하게 될 수 있으므로 판매자는 (　　　　　) 할 것이다.

① 온라인 광고를 자세하게 해야　　　　② 옷을 실제 마트에서 팔아야

11.

　　독서 친구를 매칭 해주는 사이트가 있어서 화제다. 이 사이트에 자신의 독서 취향과 읽고 있는 책 등을 기록하면 자동적으로 자신과 취향이 비슷한 독서 친구를 이어 준다. 최대 5명까지 가능하고 (　　　　　). 심지어는 직접 만나서 독서 토론까지 가능하다고 하니 능동적인 독서를 바라는 사람에게 희소식이다.

① 함께 등산이나 낚시도 가능하다　　　　② 독서 친구와 대화도 가능하다

12.

　　이 드라마는 어린 시절 폭력으로 다친 주인공의 마음을 회복하고자 (　　　　　). 주인공은 이를 위해 자신의 신분을 높이는 데 최선을 다한다. 주인공은 가해자들을 만날 수 있는 자리에 오르자 그들을 만나 그들의 잘못을 완전히 드러낸다. 결국 시청자는 가해자들이 주인공에게 사과를 구하는 장면에서 통쾌한 느낌을 받는다.

① 복수를 그리고 있다　　　　　　② 공부를 열심히 하고 있다

※ [1~9] (   )에 들어갈 말로 가장 알맞은 것을 고르십시오. (각 2점)

1.
> 차는 칼로리가 부담되는 이들에게 권장되는 음료이다. 뿐만 아니라 커피 대신에 먹을 수 있는 훌륭한 음료이다. 왜냐하면 차에는 어느 정도 (   ) 커피의 효과를 느낄 수 있기 때문이다. 그런데도 사람들이 커피보다 차를 외면하는 이유는 맛이 없고 심심하다고 느껴지기 때문일 것이다.

① 칼로리의 부담이 없어서　　　　② 검은 색이 우려나와서

③ 카페인도 함유되어 있어서　　　④ 매력적인 냄새가 나기에

2.
> 청소년기는 질풍노도의 시기라는 말로 표현된다. 심리적인 불안정이 표출되는 시기라는 말이다. 이 때 청소년들의 불안정은 친구 관계에 달려 있다. 친구 관계가 안정적이면 불안정한 심리 문제도 해결되지만 그렇지 않으면 (   ). 따라서 청소년기에는 친구 관계를 넓힐 수 있도록 지도하는 것이 좋다.

① 부모에게 의지할 수 있다　　　② 노래를 좋아하게 될 수 있다

③ 심리적인 안정 상태로 간다　　④ 심리 문제가 폭발할 수 있다

3.

> 봄에 꽃구경을 해야 살아 있음을 느낀다. 겨울 동안 추위와 눈, 바람이 우리 땅과 하늘을 지배했다. 자연은 얼어 있었고 얼음이 상식이었다. 그런데 봄이 오고 여기저기서 꽃이 피었다. 환한 꽃들이 (   ) 사람들의 마음을 기쁘게 한다. 사람들과 같이 꽃구경에 나서니 다시 새해를 살 수 있겠다.

① 자연을 얼게 하고　　　　　② 밤을 환하게 밝히고

③ 사람들과 상식을 말하고　　④ 바람과 함께 어둡고

4.

> 중년이 되어 과식을 하게 되면 (   ). 물론 중년이라고 해서 음식을 마음껏 즐길 수 있는 식탐을 막을 수는 없다. 그러나 몸이 안 따라줄 때가 많아진다. 한 번씩 과식이라도 하게 되면 몸에 부담이 되어 고생한다. 왜냐하면 음식을 소화시키는 물질들이 줄어들어 소화에 어려움을 겪게 되기 때문이다.

① 건강을 해칠 수 있다　　　　② 중년을 즐길 수 있다

③ 사람들과의 소통에 문제가 생긴다　④ 경제적인 문제가 생긴다

5.

> 우울할 때는 땀을 흘릴 정도로 운동을 하면 효과가 있다. 현대인이 살다 보면 여러 가지 문제를 만나 우울에 빠질 때가 있다. 여기에서 헤쳐나올 방법이 다양하겠지만 만약 혼자 있다면 밖에 나가서 (   ) 땀을 흘리는 것도 좋은 방법이 된다. 왜냐하면 달리는 과정을 통해 긍정적인 사고로 전환되기 때문이다.

① 하늘을 보면서　　　　　　② 달리기를 하면서

③ 친구들을 만나서　　　　　④ 음식을 먹으면서

6.

인터넷 사이트의 비밀번호를 잊어버릴 때가 있다. 인터넷 사이트마다 다른 비밀번호를 설정해서 혼동되기 때문이다. 잘못하면 원하는 인터넷 사이트에 들어갈 수 없게 된다는 공포도 생기게 된다. 연관성이 없는 단어나 번호로 비밀번호를 만들었기 때문이다. 따라서 비밀 번호를 설정할 때 (   ) 가지고 만들게 되면 잊지 않고 바로 생각해 낼 수 있다.

① 자기와 관련된 관심사를   ② 친구들과 놀았던 추억을

③ 일과 중에 인상 깊었던 일을   ④ 반려견과 산책했던 순간을

7.

원하는 맛을 내는 양념을 만들 때는 순서를 지켜야 한다. 다른 양념보다 설탕을 먼저 넣는 것이 좋다. 왜냐하면 설탕은 소금, 식초, 간장 등보다 입자가 크기 때문에 재료에 (   ). 단맛을 기초로 소금이나 식초, 간장 등을 넣게 되면 원하는 맛이 나온다.

① 붙어서 같이 있게 된다   ② 단맛이 골고루 스며든다

③ 시원한 맛을 만들어 낸다   ④ 종합적인 맛을 구현해 낸다

8.

인공지능이 (   ) 화제가 되고 있다. 시를 보고 싶은 사용자는 두 단어를 입력하면 인공지능이 시를 작성하여 제공한다. 제작사는 인공지능이 수백만의 시와 책의 데이터가 입력되어 훈련되었다고 설명하였다. 미래에는 시뿐만 아니라 소설, 수필 등과 같은 문학작품도 나올 것으로 예측된다.

① 시를 쓰고 있어

② 미래를 예측하고 있어

③ 사용자에 대해 쓰고 있어

④ 데이터가 입력되고 있어

9.

날씨가 건조해지고 있어 산불을 주의해야 한다. 이를 위해서는 산에 라이터나 성냥 가지고 가서는 안 된다. 또한 산에서 (   ) 음식을 해 먹거나 물을 끓이는 행위는 하지 않아야 한다. 산에서 음식을 먹으려면 도시락과 같은 바로 먹을 수 있는 음식을 준비해 가지고 가야 한다.

① 불을 사용해

② 주위를 청소하고

③ 운동을 하고

④ 재료를 마련하고

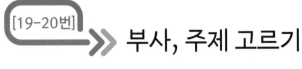

[19-20번] **부사, 주제 고르기**

① 사전 수업

🔍 **이것을 기억하세요!**

> [19] 1. **부사를 익히세요.**
>
> 2. '게다가, 또한'과 같은 앞 뒤 문장의 관계를 이어주는 부사나 '만약-라면/-다면'과 같은 **호응 부사를 미리 공부하세요.**
>
> [20] 1. **주제는 중심문장에 있습니다.**
>
> 2. 중심문장은 보통 첫 문장 또는 마지막 문장에 있습니다. 다음으로 중심문장은 '그러나', '하지만', '반면(에)' 뒤에 있는 문장에 있습니다. 중심문장을 찾으세요.

🔍 **문제 풀이 방법을 보세요! 83회 읽기 문제입니다.**

> ※ [19~20] 다음을 읽고 물음에 답하십시오. (각 2점)
>
> > 흥미와 재미 요소를 내세워 홍보하는 마케팅 전략이 주목받고 있다. 이런 마케팅은 호기심을 자극해 구매로 이어지게 한다. 그러나 제품의 품질이 소비자의 기대에 미치지 못하는 경우 (   ) 브랜드 이미지까지 나빠지기도 한다. 실제로 한 햄버거 회사에서 '주머니 버거', '눌러 먹는 버거'를 만들어 소비자의 관심을 끌었지만 품질이 기대에 못 미치자 회사의 다른 제품까지 판매가 감소한 경우가 있었다.
>
> 19. (   )에 들어갈 말로 가장 알맞은 것을 고르십시오.
>
> ① 과연 ② 비록
>
> ③ 차라리 ④ 오히려

20. 윗글의 주제로 가장 알맞은 것을 고르십시오.

　① 마케팅도 중요하지만 제품의 품질이 더 중요하다.
　② 식품 기업은 먼저 소비자의 요구를 확인해야 한다.
　③ 제품에 재미 요소를 포함하는 마케팅 전략이 필요하다.
　④ 특이한 제품보다 소비자에게 익숙한 것이 홍보에 더 좋다.

　19번은 (　　　)에 알맞은 부사를 넣은 문제입니다. 위에서는 '과연, 비록, 차라리, 오히려'가 나왔습니다. 확인해 보겠습니다.

　① '과연'은 '정말, 참으로'라는 뜻인데 문장 뒤에 '-(으)ㄹ까', '-구나'와 같은 말과 같이 쓰입니다. 〈이 책이 과연 좋구나!〉, 〈과연 합격할 수 있을까?〉처럼 쓰입니다.

　② '비록'은 '아무리'와 같은 뜻이 있습니다. '-아/어도', '-지만'과 함께 쓰입니다. 〈비록 돈이 없어도 자존심은 있어요.〉

　③ '차라리'는 선택에서 마음에 들지 않지만 하나를 선택할 때 쓰는 말입니다. 〈라면과 김밥이 있다고요? 차라리 안 먹고 말겠어요.〉

　④ '오히려'는 '반대로'라는 뜻이죠. 위의 문제에서 (　　　) 앞에 '그러나'가 있으니까 여기는 '오히려'가 적당합니다.

　따라서 답은 ④입니다.

　20번은 주제를 고르는 것인데요. 주제는 중심문장을 찾는 것이라고 말씀드렸습니다. 이 단락 글에서 중심문장이 어디에 있나요? '그러나' 다음에 있습니다. '제품의 품질이 소비자의 기대에 미치지 못하는 경우'라고 했으니까 답은 ①입니다.

[19] 자주 출제된 문법 표현

다음 표현들은 반드시 알아야 합니다.

부사	문장 예시
게다가 (그리고, 더구나, 뿐만 아니라, 또한)	학생 식당에 자주 간다. 식당이 깨끗하기 때문이다. 게다가 직원들도 친절하기 때문이다.
또한	도서관에서는 조용히 공부해야 한다. 또한 친구와도 말하면 안 된다.
만약 (만일)	만약 친구를 만난다면 사과부터 하겠다. ('만약-(으)ㄴ다면'은 호응이다.) 만약 내가 과학자라면 전기자동차를 만들어 보겠다.
물론 (당연히)	물론 학생에게는 공부할 수 있는 노트북 컴퓨터가 필요할 것이다.
특히 (특별히)	특히, 반도체가 생산된다는 것이 핵심이다.
오히려 (반대로)	비가 오면 기분이 좋지 않다. 오히려 슬퍼진다.
과연 (참으로)	과연 이 어려움을 이겨낼 수 있을까?
이처럼 (그러므로)	이처럼 스마트폰은 눈 건강에 해롭다는 사실을 알 수 있다.
비록	비록 이 일이 어렵더라도 끝까지 할 것이다.
반면에	인터넷 강의는 편리하고 효율적이다. 반면에 잘 듣지 않게 된다.
차라리	포기하느니 차라리 끝까지 해 보겠다.
하필	하필 중간 고사 기간에 친구가 만나자고 한다.

[19-20]의 화제는 마케팅 전략 **해파리, 시각장애인의 안내견, 인터넷 비밀번호, 권위있는 아빠, 활쏘기, 미술품, 연구, 화학물질의 사용** 등이었습니다.

[20] 중심문장은 첫 번째 문장이거나 '하지만, 그러나, 그런데' 다음에 나오는 문장입니다. 중심문장이 어디에 있는지 확인하여 [20]번 문제를 푸시기 바랍니다.

※ [1-6] 다음을 읽고 물음에 답하십시오. (각 2점)

> 미세플라스틱 입자는 인류에게 별 피해를 주지 않고 몇몇 바다에만 떠다니고 있다고 알려져 왔었다. 그러나 미세플라스틱 입자가 전세계 바다에 떠다니고 있다는 연구 결과가 최근에 나왔다. 특히, 이 입자는 171조개에 달하고 총 무게만 230만 톤으로 추정된다는 것이다. 연구진은 최근에 해양 플라스틱 오염이 전례 없이 증가하고 있어 (   ) 현재의 상태가 지속된다면 30년 후에는 미세플라스틱의 양이 거의 3배에 달할 수 있다고 경고했다.

1. (   )에 들어갈 말로 가장 알맞은 것을 고르십시오.

   ① 만약   ② 아마

2. 윗글의 주제로 가장 알맞은 것을 고르십시오.

   ① 미세플라스틱 입자는 특별한 피해를 주지 않았다.

   ② 미세플라스틱 입자는 지구의 모든 바다에 나타나고 있다.

> 예선 한국 가수들은 노래는 잘 불렀으나 춤은 그다시 잘 추시 못했다. 하지만 요즘의 가수들은 단체로 무대에 나와 노래와 춤을 잘 소화해 세계인으로부터 찬사를 받는다. 이들은 가사 안에 담긴 이야기로 팬들에게 속삭인다. (   ) 이야기에 있는 세계관을 실천하기도 한다. 이러한 점이 케이 팝의 매력을 보여주는 것이기도 하다.

3. (   )에 들어갈 말로 가장 알맞은 것을 고르십시오.

   ① 또는   ② 또한

4. 윗글의 주제로 가장 알맞은 것을 고르십시오.

   ① 요즘의 가수들은 의미 있는 가사에 노래와 춤을 팬들에게 선사한다.

   ② 요즘의 가수들은 특별한 세계관을 사람들에게 이야기로 강하게 선사한다.

　　무엇인가에 대해 선택을 할 때에는 반드시 기준이 있어야 한다. 첫째, 올바른 것이어야 한다. 남이나 자기를 속이지 않고 올바른 것이어야 한다. 둘째, 미래 지향적인 것이어야 한다. 지나간 일들이 영향을 미치지 않고 다가올 앞날을 향한 것이어야 한다. (　　　) 우리 모두를 행복하게 하는 것이어야 한다.

---

5. (　　　)에 들어갈 말로 가장 알맞은 것을 고르십시오.

   ① 그러면　　　　　　　　　　　　② 이뿐만 아니라

6. 윗글의 주제로 가장 알맞은 것을 고르십시오.

   ① 선택할 때에는 기준이 있어야 한다.

   ② 명품 모자는 가격이 비싸지만 과시할 수 있다.

※ [1~6] 다음을 읽고 물음에 답하십시오. (각 2점)

> 집에서 학교를 다니는 학생은 자기 빨래를 어머니에게 맡기는 경우가 많다. 하지만 (   ) 학생이 기숙사에서 학교를 다닌다면 자기 빨래를 자기가 해야 한다. 빨랫감을 세탁기를 이용해 빨고, 탁탁 털어서 널고, 마르면 걷어서 개야 한다. 상당히 귀찮지만 자기의 삶을 증명하는 일이다. 따라서 빨래는 더러워진 옷을 깨끗하게 하는 일이며, 과거에서 미래로 나아가는 일이다.

1. (   )에 들어갈 말로 가장 알맞은 것을 고르십시오.

　① 과연　　　　　② 만약　　　　　③ 아마　　　　　④ 하필

2. 윗글의 주제로 가장 알맞은 것을 고르십시오.

　① 빨래는 자기가 하는 게 좋다.

　② 빨래는 어머니에게 맡겨야 한다.

　③ 빨래를 하는 일은 상당히 신난다.

　④ 빨래는 과거에서 미래로 나아가게 한다.

지적 생명체는 기적이 쌓이고 쌓여야 탄생할 수 있다. 공룡은 지구를 지배했지만, 무엇인지 모를 원인으로 없어졌으니만큼, 생명체의 진화에도 연속된 기적이 있어야 한다. (   ), 일반 생명체가 아닌 미생물 등의 탄생과 진화는 상대적으로 쉬운 일일 수도 있다. 특히, 현재 동물처럼 산소를 이용한 호흡이 필요 없다면, 그럴 수 있다. 따라서 많은 기적 중 몇 가지는 필요 없을 수도 있다.

3. (   )에 들어갈 말로 가장 알맞은 것을 고르십시오.

① 물론　　　　　② 반면　　　　　③ 차라리　　　　④ 그러면

4. 윗글의 주제로 가장 알맞은 것을 고르십시오.

① 미생물의 진화는 상대적으로 복잡하다.

② 공룡은 널리 알려진 원인으로 사라졌다.

③ 미생물은 복잡한 단계를 거쳐 발전했다.

④ 지적 생명체는 기적이 여러 번 있어야 탄생할 수 있다.

공기의 상쾌함을 느끼고 싶다면 숲으로 들어가자. 숲의 상쾌함을 만들어내는 것은 바로 음이온이기 때문이다. 일반적으로 음이온은 폭포 근처나 계곡, (   ), 숲에서 자주 나온다. 숲에서는 소나무 같은 침엽수림이 이산화탄소를 흡수하고 산소를 만드는 과정에서 많은 음이온을 방출한다. 이러한 이유로 사람들은 숲에 들어가자마자 공기의 상쾌함을 느낄 수 있게 된다.

5. (   )에 들어갈 말로 가장 알맞은 것을 고르십시오.

① 또는 ② 역시 ③ 과연 ④ 특히

6. 윗글의 주제로 가장 알맞은 것을 고르십시오.

① 음이온은 숲의 상쾌함을 만들어낸다.

② 음이온은 폭포나 바다에서 자주 나온다.

③ 음이온은 수소를 만드는 과정에서 방출된다.

④ 음이온의 상쾌함은 숲에 들어가 오래 있어야 알 수 있다.

관용어, 같은 내용 고르기

1 사전 수업

🔍 이것을 기억하세요!

[21] 관용어, 속담이 나옵니다. 미리 공부하세요.

[22] 글의 내용과 같은 것을 고르는 문제입니다. 선택지의 '주어'나 '핵심어'를 찾아 읽으세요.

🔍 문제 풀이 방법을 보세요. 83회 문제입니다.

※ [21~22] 다음을 읽고 물음에 답하십시오. (각 2점)

소방관은 재난 현장에서 끔찍한 상황을 자주 접하기 때문에 정신 건강에 위험이 따른다. 최근 이러한 문제가 심각해지자 인주시가 해결을 위해 ( ). 인주시는 빠른 시일 내에 정신 건강에 대해 조사를 실시하고 문제를 겪는 소방관이 있으면 전문 상담사를 보내 상담을 진행하기로 했다. 이와 더불어 심리 안정 프로그램 개발과 지원을 위한 예산을 확보했다고 발표했다.

21. ( )에 들어갈 말로 가장 알맞은 것을 고르십시오.

① 등 떠밀었다
② 눈을 맞췄다
③ 발 벗고 나섰다
④ 손에 땀을 쥐었다

22. 윗글의 내용과 같은 것을 고르십시오.

    ① 소방관의 심리적 어려움은 최근 많이 해소되었다.

    ② 인주시는 소방관의 정신 건강 조사를 모두 마쳤다.

    ③ 인주시는 소방관 심리 안정 프로그램을 운영할 계획이다.

    ④ 소방관이 정신 건강 상담을 받으려면 상담사를 찾아가야 한다.

21번은 관용어를 묻는 문제입니다.

① '등 떠밀다'는 '일을 억지로 하게 하다'의 뜻입니다. 예를 들겠습니다. 〈수학 학원에 가기 싫은데 엄마가 자꾸 학원에 가라고 등을 떠밀었다.〉

② '눈을 맞추다'는 서로 상대의 눈을 본다는 말입니다. 예를 들면 이렇겠죠. 〈그 배우들은 서로 눈을 맞추면서 말을 했다.〉

③ '발 벗고 나서다'는 '적극적으로 나서다, 시작하다'의 뜻입니다.

④ '손에 땀을 쥐다'는 '아슬아슬하다, 흥미진진하다'의 뜻입니다.

답은 ③입니다.

22번은 인주시가 해야 할 행동으로 미래에 대한 것이므로 답은 ③입니다.

다음은 21번에서 자주 출제된 관용어와 속담을 제시하겠습니다.

	관용어, 속담	의미	예시
선택지 정답	발벗고 나서다	적극적으로 나서다	우리 친구는 학교 일에 발벗고 나선다.
	진땀을 흘리다	고생하다, 힘들다	약속 장소를 못 찾아 진땀을 흘려 본 적이 있다.
	열을 올리다	열심히 한다	학교에서 수학 공부에 열을 올렸다.
	앞뒤를 가리지 않다	무조건적이다	중국 음식이라면 앞뒤를 가리지 않고 먹는다.
	담을 쌓다	전혀 관계하지 않다	우리는 언젠가부터 담을 쌓고 살았다.
	티끌 모아 태산(이다)	작은 것이 쌓이면 큰 것이 된다	친구는 티끌 모아 태산이라고 돈을 많이 모았다.
	(말을) 입 밖에 내다	말을 하다	그런 부정적인 말은 입 밖에 내지 말아야 한다.
	천리 길도 한 걸음부터	큰 일을 하기 위해서는 작은 일부터 시작해야 한다	토픽에서 높은 점수를 받기 위해서는 천리 길도 한 걸음부터라는 말처럼 매일 꾸준히 연습해야 한다.
	골치가 아프다	문제를 해결하기가 어렵다	어떤 사람과 결혼해야 할지 생각하면 생각할수록 골치만 아프다.
선택지 제시	앞뒤를 재다	자세히 계산하다	앞뒤를 재지 않고 결혼할 사람을 만났다.
	발목을 잡다	방해하다	친구 앞길에 발목을 잡으면 안 된다.
	귀를 기울이다	잘 듣다	교수의 강의에 귀를 기울였다.
	손을 떼다	그만두다	과학이 어려워 손을 떼었다.
	이를 갈다	화난 마음을 가지고 있다	이번 기말 시험은 이를 갈며 준비했다.
	발을 빼지 않다	물러나지 않다, 그만두지 않다	힘들었지만 나는 공부에 발을 빼지 않았다.
	발걸음을 맞추다	마음이나 행동을 똑같이 하다	우리는 앞으로 발걸음을 맞추어 행동하기로 결심했다.
	(가슴에) 못을 박다	사람 마음에 슬픔과 고통을 주다	나는 엄마 가슴에 못을 박은 적이 많다.
	머리를 맞대다	협력하다	우리는 문제를 풀기 위해 머리를 맞댔다.

	고개를 숙이다	미안하다고 하다	잘못했기 때문에 부모님에게 고개를 숙였다.
	등 떠밀다	일을 억지로 하게 하다	부모님한테 등 떠밀려서 학원에 다닌다.
	눈을 맞추다	눈을 마주 보다	나는 말할 때 눈을 맞추어 본다.
	손에 땀을 쥐다	아슬아슬하다	축구 경기가 손에 땀을 쥐게 한다.
	제 눈의 안경이다	자기 눈에만 좋으면 좋다	제 눈의 안경이라고는 하지만 이건 좀 심한 것 같다.
	싼 게 비지떡이다	싼 물건은 품질이 좋지 않다	싼 게 비지떡이라고 산 지 며칠밖에 안 되었는데 벌써 고장났다.
	엎질러진 물이다	후회해도 늦었다	이 물건을 싸서 샀는데 계속 고장이 난다. 엎질러진 물이다.
	눈 감아 주다	보지 않은 것처럼 하다	경찰은 친구의 도둑질을 눈 감아 주지 않았다.
	한 술 더 뜨다	더 안 좋은 일을 하다	친구는 한 술 더 떠서 나에게 욕을 했다.
선택지 제시	귓등으로 듣다	잘 안 듣다 들은 체 만 체 하다	강의를 귓등으로 듣지 말고 귀 기울여서 들어야 한다.
	하나를 보면 열을 안다	작은 것을 보면 많은 것을 알 수 있다	그 남자, 말하는 것 보니 그 인생을 알 수 있다. 하나를 보면 열을 알 수 있기 때문이다.
	소 잃고 외양간 고친다	일이 잘못된 후에는 방법이 없다	이번 음주운전 사건은 소 잃고 외양간 고친다는 말처럼 법의 엄정한 집행이 되지 않았기 때문에 일어난 것이다.
	윗물이 맑아야 아랫물이 맑다	윗 사람이 바른 행동을 해야 아랫 사람노 바른 행동을 한다	뇌물 사건이 발생하는 것은 윗물이 맑아야 아랫물이 맑다라는 말처럼 윗물이 맑지 못했기 때문이다.
	콧대가 높다	잘난 체 하다	선생님은 콧대가 높아서 친구가 없다.
	눈치가 빠르다	남의 마음을 빨리 알다	철수는 어디를 가든지 눈치가 빠르서 칭찬을 듣는다.
	비행기를 태우다	지나치게 칭찬하다	한국말을 잘한다고 비행기를 태운다면 겸손하게 "아니에요. 아직 멀었어요."라고 하면 된다.

예상 관용어와 속담을 제시합니다. 꼭 익하시기 바랍니다.

관용어, 속담	의미	예시
목이 빠지다	간절하다, 애타다	여자 친구를 목이 빠지게 기다렸다.
바가지 쓰다	비싸게 사다	시장에서 싸다고 해서 물건을 샀는데 알고 보니 바가지 썼다.
발이 넓다	아는 사람이 많다	여름이는 발이 넓어서 모르는 사람이 없다.
손 발이 맞다	함께 하는데 마음과 행동이 맞다	직장 동료와 나는 손 발이 척척 맞는다.
입을 모으다	모두	학생들이 입을 모아서 노래를 불렀다.
입이 가볍다	비밀을 쉽게 말하다	친구는 입이 가벼워서 비밀을 쉽게 말한다.
바늘 도둑이 소 도둑 된다	작은 나쁜 짓을 계속 하면 큰 죄인이 된다	바늘 도둑이 소 도둑 된다는 말처럼 사소한 잘못은 혼을 내야 한다.
등잔 밑이 어둡다	가까이 있어도 모른다	핸드폰이 없어진 줄 알았는데 등잔 밑이 어둡다더니 핸드폰이 내 손 안에 있었다.
고래 싸움에 새우 등 터진다	힘센 사람들이 싸우는 바람에 힘약한 사람이 다친다	고래 싸움에 새우 등 터진다더니 힘센 친구들이 싸워서 공부하는 친구들이 공부를 못했다.
개구리 올챙이 적 생각 못한다	어렵고 힘들던 시절을 생각 못한다	개구리 올챙이 적 생각 못한다는 말이 있는 것처럼 자기의 어려웠을 적 생각을 못하는 사람이 많다.
공든 탑이 무너지랴	정성을 다한 일을 좋은 결과가 있다	공든 탑은 절대로 무너지지 않으니까 힘을 냅시다.

※ [1-8] 다음을 읽고 물음에 답하십시오. (각 2점)

> 현대인들은 (   ) 일에 빠져 있을 뿐만 아니라 일을 사랑한다. 일을 통해서 생계를 유지하고 성취감을 얻을 수 있기 때문이다. 그런데 일을 과도하게 하고 나면 보람을 얻기는커녕 극심한 피로감을 얻을 수도 있다. 이렇게 되면 무기력증에 빠질 수 있으므로 적당한 휴식과 취미로 심리적인 회복을 이루어내야 한다.

1. (   )에 들어갈 말로 가장 알맞은 것을 고르십시오.

   ① 발걸음을 맞추어   ② 앞뒤를 가리지 않고

2. 윗글의 내용과 같은 것을 고르십시오.

   ① 현대인은 일로 자신의 성취감을 얻는다.

   ② 알맞은 쉼과 취미로 마음의 안정을 얻어야 한다.

> 스마트폰의 짧은 동영상이 인기가 많아지고 있다. 간간이 스트레스나 긴장을 풀어주고 새로운 지식도 얻을 수 있어서이다. 그러나 이 동영상이 중독 현상을 일으킨다는 뉴스 보도가 있었다. 이에 따르면 사람이 본래의 일을 하지 못하고 스마트폰 동영상에 (   ) 의미 없는 시간을 보내게 된다는 것이다.

3. (   )에 들어갈 말로 가장 알맞은 것을 고르십시오.

   ① 발목을 잡혀서   ② 골치가 아파서

4. 윗글의 내용과 같은 것을 고르십시오.

   ① 스마트폰 동영상은 장점이 상당하다.

   ② 스마트폰 동영상은 시간을 헛되게 보내게 한다.

예전에는 텔레비전의 드라마, 연예 프로그램에서 간접 광고가 문제가 된 적이 있었다. 그러나 요즘에는 노골적으로 광고를 한다. 연예 프로그램에서 연예인들이 광고하는 음료수나 음식을 먹으면서 (   ) 맛있다고 한다거나 상표를 그대로 내보이고 있다. 이러한 직접 광고의 모습은 방송사에는 경제적인 이득이 있을 줄 모르겠으나 텔레비전 시청자로서는 불쾌하기 그지없다.

5. (   )에 들어갈 말로 가장 알맞은 것을 고르십시오.

① 입을 모아   ② 귀를 기울여

6. 윗글의 내용과 같은 것을 고르십시오.

① 텔레비전 시청자는 직접 광고가 안 좋다.

② 텔레비전 간접 광고는 언제나 문제가 된다.

대기 오염이 심각해지고 있다. 대기의 황사 현상이나 오염으로 운동하는 사람들은 달리기나 축구를 즐겨할 수 없다. 정부는 이러한 문제점에 (   ) 말고 직접 나서서 구체적인 문제 해결 방법을 내 놓아야 한다. 예를 들면, 석탄을 원료로 사용하는 공장에 대한 벌금 같은 것 말이다.

7. (   )에 들어갈 말로 가장 알맞은 것을 고르십시오.

① 눈을 감지   ② 눈치가 빨라

8. 윗글의 내용과 같은 것을 고르십시오.

① 정부는 대기 오염 문제를 해결해야 한다.

② 대기 오염은 황사로부터 비롯된 것이다.

※ [1~6] 다음을 읽고 물음에 답하십시오. (각 2점)

> 누구나 어릴 때 사소한 거짓말을 해 본 적이 있을 것이다. 이러한 거짓말은 특별한 문제를 일으키지 않는 이상 괜찮다고 생각할 수 있다. 그러나 (   )는 말처럼 작은 거짓말은 큰 범죄로 이어질 수 있다. 따라서 아이의 거짓말을 알았다면 그렇게 하지 못하도록 따끔하게 이야기를 해 주어야 한다.

1. (   )에 들어갈 말로 가장 알맞은 것을 고르십시오.

    ① 하나를 보면 열을 안다

    ② 소 잃고 외양간 고친다

    ③ 바늘 도둑이 소 도둑 된다

    ④ 가는 말이 고와야 오는 말이 곱다

2. 윗글의 내용과 같은 것을 고르십시오.

    ① 어린이의 거짓말은 특별한 잘못이 아니다.

    ② 누구나 어린 시절에는 여러 거짓말을 한다.

    ③ 바늘을 훔치면 소를 훔칠 수 있으니 주의한다.

    ④ 아이가 거짓말을 하면 다음에는 못 하도록 해야 한다.

인터넷 세상에서는 가짜 뉴스가 판치고 있다. 연예인이나 정치인부터 국가의 역사에 대한 것까지 진짜인 듯한 거짓말 뉴스가 인터넷에서 휩쓸고 있다. 이러한 가짜 뉴스를 판단하기 위해서는 주장에 대한 '사실'과 '증거'를 확인해 보는 것이 좋다. 이렇게 확인 과정을 거치지 않으면 (   )는 말처럼 부정적인 결과에 이르게 될 것이다.

3. (   )에 들어갈 말로 가장 알맞은 것을 고르십시오.

   ① 등잔 밑이 어둡다

   ② 고래 싸움에 새우등 터진다

   ③ 소 잃고 외양간 고친다

   ④ 개구리 올챙이 적 모른다

4. 윗글의 내용과 같은 것을 고르십시오.

   ① 거짓말 뉴스를 판단할 필요는 없다.

   ② 인터넷에 가짜 뉴스가 있는 경우가 가끔 있다.

   ③ 가짜 뉴스를 알기 위해서는 사실을 확인한다.

   ④ 연예인이나 정치인에게는 진짜 뉴스밖에 없다.

유기견 입양 문화가 긍정적으로 정착하고 있다. 얼마 전에는 인주시에서 유기견을 입양한 가족에게 1년간 개를 위한 보험을 들어주겠다고 밝혔다. 이 사업을 통해 입양 유기견의 질병·상해·안전사고에 대한 불안감을 해소할 수 있을 것이다. 게다가 유기견 입양으로 인한 경제적 부담도 줄여줄 수 있을 것으로 보인다. 이렇게 함으로써 (   )부터라는 말처럼 유기견에 대한 편견을 없애고 활발한 입양 문화가 전개되리라 본다.

5. (   )에 들어갈 말로 가장 알맞은 것을 고르십시오.

    ① 엎질러진 물

    ② 싼 게 비지떡

    ③ 제 눈의 안경

    ④ 천리 길도 한 걸음

6. 윗글의 내용과 같은 것을 고르십시오.

    ① 인주시에서 유기견을 입양하고 있다.

    ② 보험에 가입해야 유기견을 입양할 수 있다.

    ③ 보험 사업은 유기견 입양 문화를 정착하게 한다.

    ④ 현대인은 유기견에 대한 편견에 대해 사과해야 한다.

심정어, 같은 내용 고르기

① 사전 수업

🔍 이것을 기억하세요!

> **[23]** '나'의 심정으로 가장 알맞은 것을 고르는 문제입니다.
>
> > 1. **'나'의 느낌, 감정**을 찾으세요.
> >
> > 2. **'불편'한 마음**을 가리키는 경우가 많습니다. **'당황스럽다', '걱정스럽다',**
> > **'후회스럽다'** 등이 많이 나왔습니다. 심정어를 미리 익히세요.
>
> **[24]** 글의 내용과 같은 것을 고르는 문제입니다. **선택지의 '주어'나 '핵심어'**를 찾아
> 읽으세요.

🔍 문제 풀이 방법을 보세요. 64회 문제입니다.

※ [23~24] 다음을 읽고 물음에 답하십시오. (각 2점)

> 놀이공원 매표소에서 아르바이트를 했다. 아르바이트가 처음이라 실수를 하지 않으려고 늘 긴장하면서 일을 했다. 어느 날, 놀러 온 한 가족에게 인원수만큼 표를 줬다. 그런데 그 가족을 보내고 나서 이용권 한 장의 값이 더 결제된 것을 알아차렸다. 바로 카드사로 전화해 고객의 전화번호를 물었지만 상담원은 알려 줄 수 없다고 했다. 하지만 내 연락처를 고객에게 전달해 주겠다고 했다. 일을 하는 내내 일이 손에 잡히지 않았다. 퇴근 시간 무렵 드디어 그 가족에게서 전화가 왔다. <u>내가 한 실수에 화를 낼지도 모른다는</u> <u>생각</u>에 떨리는 목소리로 상황을 설명하자 그 가족은 "놀이 기구를 타고 노느라 문자 메시지가 온 줄 몰랐어요. 많이 기다렸겠어요."라고 하면 따뜻하게 말해 주었다.

23. 밑줄 친 부분에 나타난 '나'의 심정으로 가장 알맞은 것을 고르십시오.

① 걱정스럽다   ② 불만스럽다
③ 후회스럽다   ④ 당황스럽다

24. 윗글의 내용과 같은 것을 고르십시오.

① 그 가족은 나에게 화를 냈다.
② 카드 회사는 그 가족에게 연락을 했다.
③ 나는 그 가족에게 직접 전화를 걸었다.
④ 나는 그 가족을 찾아다니느라 일을 못 했다.

23번을 보겠습니다. 이 문제는 내 마음의 느낌, 감정과 관계된 단어를 찾는 문제입니다.

23번 밑줄 친 문장을 찾겠습니다. "내가 한 실수에 <u>화를 낼지도 모른다는 생각</u>"이 그것입니다. "내가 한 실수" 때문에 "화를 낼지도 모른다"고 했으니까 '나'의 심정을 알 수 있습니다. 무엇인가요? 내 맞습니다. '걱정스럽다'입니다.

24번도 풀어 보겠습니다. 24번을 풀려면 각 선택지의 '주어'나 '핵심어'를 윗글에서 찾아봐야 합니다. 이렇게 중요한 단어를 가지고 글을 읽는 방식을 '찾아 읽기'라고 합니다.

①의 '그 가족'을 윗글에서 찾아 보세요. 맨 마지막 문장에 있습니다. "따뜻하게 말해 주었다."라고 합니다. 화 내지 않았습니다. 그렇지요? 그래서 내용과 다른 선택지입니다.

② '카드 회사'를 찾아볼까요? '카드사'는 내 연락처를 고객에게 전달해 주겠다고 했습니다. 맞습니다. 답은 이것이네요.

③ 나는 그 가족에게 직접 전화를 했다고요? 아닙니다. 나는 직접 전화를 못했습니다.

④ 나는 '그 가족'을 찾아다녔나요? 아닙니다. 나는 그 때 일을 했습니다.

이렇게 관계된 명사를 빨리 찾아 읽기 연습을 하면 됩니다.

따라서 답은 ②입니다.

아래는 이 문제에 나온 '나'의 마음의 감정, 느낌을 표현하는 단어들, 다시 말해 '나의 심정어'를 정리해 보았습니다. 꼭 익히시기 바랍니다.

	심정어	의미	예시
기출 정답	걱정스럽다	걱정이 되어 마음이 불편하다	아버지의 건강이 걱정스럽다.
	죄송스럽다	미안하다, 송구스럽다	폐를 끼쳐 죄송스럽다.
	후회스럽다	잘못을 알고 반성하다	사랑을 못한 것이 후회스럽다.
	당황스럽다	갑자기 놀라서 어떻게 할 수가 없다	갑자기 고향에 간다니 당황스럽다.
	답답하다	숨이 막힐 듯 갑갑하다	밤마다 가슴이 답답해서 병원에 갔다.
	속상하다	슬프고 괴로운 일이 있어 우울하다	속상한 일이 있어서 술을 마셨다.
	곤란하다	사정이 어렵다	"엄마가 좋아? 아빠가 좋아?" 어린이에게는 대답하기 곤란한 질문이다.
	감격스럽다	깊게 느끼어 감동된다	오랜만에 친구를 만나니 감격스러웠다.

	심정어	의미	예시
선택지 등장	만족스럽다	매우 만족한다	식사가 만족스럽다.
	자랑스럽다	자랑스러운 모양이다	나는 우리 딸이 자랑스럽다.
	불만스럽다	만족하지 않아 마음이 안 좋다	강사가 준비를 덜 했는지 오늘 수업은 확실히 불만스럽다.
	부담스럽다	책임을 져야 하는 느낌이 있다	돈을 받고 하는 일이라 부담스럽다.
	짜증스럽다	짜증이 나는 느낌이다	정치 이야기는 짜증스럽다.
	억울하다	잘못이 없는데 꾸중을 듣거나 벌을 받아 화가 나다	잘못도 없는데 꾸중을 들어서 억울하다.
	허전하다	없어지거나 의지할 것이 없어서 마음이 빈 느낌이다	친한 친구가 이민 가 만날 수 없어서 마음이 허전하다.
	후련하다	안 좋은 느낌이 없어져사 시원하다	대학교 입학 시험이 끝나서 마음이 후련하다.
	민망하다	보기에 안타깝다, 부끄럽다	다이어트 시도를 했는데 더 살이 쪄서 민망했다.
	번거롭다	복잡해서 귀찮다	과제가 상당히 번거로웠다.
	서운하다	다른 사람 때문에 실망스럽다	정치인의 차별 발언이 실망스러웠다.
	섭섭하다	슬프다, 기분 나쁘다	헤어져서 섭섭하다. (슬프다) 그렇게 말하니 섭섭하다. (기분 나쁘다)
	부끄럽다	창피하다, 수줍다	시험을 못 봐서 부끄러웠다.
	당황하다	갑자기 놀라서 어떻게 할 줄 모르다, 당황스럽다	자동차 사고가 나서 당황했다.

※ [1~8] 다음을 읽고 물음에 답하십시오. (각 2점)

> 오랜만에 친구 모임에 나갔다. 친구들과 맛있는 치킨을 먹으면서 지금까지 살아왔던 이야기를 나누었다. 특히, 성철이는 오랜만이어서 반가웠다. 초등학교 동창 사이라서 격의 없게 이야기를 나누었다. 이야기를 나누다 보니 예전에 섭섭했던 사건도 떠올랐다. 성철이가 나를 빼고 다른 친구들과 여행을 갔다 왔었다. 나는 성철이를 가장 친한 친구라고 생각했는데 성철이는 나에게 여행을 가자는 말도 하지 않았던 것이다. 성철이에게 그 때 왜 그랬냐고 묻다가 언성이 높아졌다. 모임이 끝나고 집에 돌아오는데 성철이에게 <u>크게 말한 것이 마음에 걸렸다</u>. 다음에 만나면 즐거운 이야기만 해야겠다.

1. 밑줄 친 부분에 나타난 '나'의 심정으로 가장 알맞은 것을 고르십시오.

   ① 당황스럽다   ② 걱정스럽다

2. 윗글의 내용과 같은 것을 고르십시오.

   ① 성철이는 별로 친한 친구가 아니다.

   ② 나는 성철이에게 큰 소리로 말했다.

어머니는 늙어가면서 노파심만 늘어났다. 나를 못 믿는 눈치다. 내가 결혼하지 않고 내가 하고 싶은 일을 하면서 산다고 하자 부쩍 더 그렇다. 아무리 세상이 변해도 결혼해서 아이를 낳고 사는 것이 세상 사는 이치라는 것이 어머니의 지론이었다. 어느 날 밤에 어머니로부터 전화가 왔다. 서울에 있지만 말고 이번주 주말에는 고향에 내려왔다 가라는 말씀이셨다. 주말에 지인들과 약속이 있다고 다음에 내려가겠다고 해도 막무가내였다. 어쩔 수 없었다. 고향 집에 내려가 보니, 오늘 약속을 잡아 놨으니 그 사람을 만나라고 했다. <u>나는 이런 엄마의 갑작스러운 약속에 얼굴 표정을 감출 수 없었다.</u> 그래도 어쩔 수 없이 그 사람을 만났다. 그리고 결혼을 했다.

3. 밑줄 친 부분에 나타난 '나'의 심정으로 가장 알맞은 것을 고르십시오.

   ① 당황스럽다　　　　　　　　　② 후회스럽다

4. 윗글의 내용과 같은 것을 고르십시오.

   ① 어머니는 나를 위해 약속을 잡아 놓으셨다.

   ② 나는 맨처음부터 결혼을 하기 위해 노력을 했다.

오랜만에 아이들을 데리고 친정집에 갔다. 부모님께서 반갑게 맞아주셨다. 아버지는 퇴직하신 후에 동네 근처를 산책하시거나 도서관에 가셔서 책을 읽으시는 듯했다. 어머니는 아침 식사 후에 동네 친구 모임에 나가셔서 세상 돌아가는 이야기를 나누시는 것 같았다. 나는 아버지에게 아이들과 놀아달라고 했더니 아버지는 산책해야 하신다면서 그냥 나가셨다. <u>왜 우리 아버지는 손자들과 놀지 않을까?</u> 아버지는 한참 후에 돌아오시더니 손자들과 놀자며 축구공을 가지고 오셨다. 아버지는 손자들과 놀고 싶지 않은 것이 아니라 무엇을 가지고 놀까를 생각하셨던 것이다. 잠깐이나마 나는 아버지의 행동을 오해했던 것이다.

5. 밑줄 친 부분에 나타난 '나'의 심정으로 가장 알맞은 것을 고르십시오.

① 곤란하다   ② 서운하다

6. 윗글의 내용과 같은 것을 고르십시오.

① 아버지는 퇴직후 산책이나 축구를 하신다.

② 어머니는 아침을 드시고 친구들과 만나 이야기를 한다.

도서관에서 아르바이트를 하게 되었다. 담당 직원이 일이 생겨 휴직을 했기 때문이었다. 나는 도서관의 기본 업무를 익히기 시작했다. 책이 어디에 있는지, 도서의 대출, 반납은 어떻게 해야 하는지에 대해서 선배 직원으로부터 교육을 받았다. 도서관 아르바이트를 시작한 지 이틀째였다. 한 남자 이용자가 책을 찾을 수 없다며 찾아달라는 것이었다. 나는 이용자 컴퓨터에서 검색을 하면 쉽게 확인할 수 있다고 말했는데, 이 이용자는 그것을 했는데도 없다고 짜증나는 듯한 소리로 말했다. 나는 나도 모르게 다시 한번 확인해 보라는 말이 큰 소리로 나왔다. <u>그렇게까지 할 필요가 없었는데 말이다.</u> 나는 이용자에게 큰 소리로 말한 것을 사과하고 책을 확인해 보았다. 그 책은 우리 도서관에 없었다.

7. 밑줄 친 부분에 나타난 '나'의 심정으로 가장 알맞은 것을 고르십시오.

    ① 후회스럽다   ② 부담스럽다

8. 윗글의 내용과 같은 것을 고르십시오.

    ① 나는 도서의 대출이나 반납에 대해서 배웠다.

    ② 도서관 이용자는 이유 없이 책을 찾아내라고 강요했다.

※ [1-6] 다음을 읽고 물음에 답하십시오. (각 2점)

> 어머니가 병원에 같이 가자고 연락이 왔다. 어머니는 나이를 드시더니 점점 더 쇠약해지시고 병치레가 잦아졌다. 이번에는 허리가 많이 아프셔서 대학 병원에 같이 가자는 것이었다. 나는 어머니에게 2호선 인주역 2번 출구 쪽 의자에 앉아계시라고 말씀을 드렸다. 나도 부리나케 시간에 맞추어 인주역 2번 출구로 나갔다. 그런데 어머니는 안 계셨다. 약속 시간이 지났는데 혹시 하면서 계속 기다렸는데 저 멀리 무거운 가방을 메고 천천히 걸어 오시는 것이었다. 나는 허리가 아프신 분이 왜 무거운 가방을 들었냐고 하면서 화를 내었다. 어머니는 아이들에게 줄 장난감을 사셨다면서 이것을 가져가라고 했다. <u>나는 당신께서 몸도 편찮으신데 아이들을 생각하셔서 눈물이 났다.</u> 나는 어머니가 가지고 있는 가방을 빼앗아 들고 어머니와 병원에 들어갔다.

1. 밑줄 친 부분에 나타난 '나'의 심정으로 가장 알맞은 것을 고르십시오.

   ① 죄송스럽다   ② 불만스럽다   ③ 짜증스럽다   ④ 부담스럽다

2. 윗글의 내용과 같은 것을 고르십시오.

   ① 어머니는 항상 나와 병원에 간다.

   ② 어머니는 사고가 나서 허리를 다쳤다.

   ③ 나는 어머니와 약속을 정하고 만나기로 했다.

   ④ 어머니는 나에게 김치와 반찬을 만들어 주었다.

내가 운영한 마트의 매출이 썩 좋지 않았다. 물건은 정기적으로 들어오는데, 판매가 부진한 것이었다. 특히, 농산물이 눈에 띄게 판매가 안 되었다. <u>어쩔 수 없이 나는 농산물을 거래하는 회사의 대표를 만나 내 사정을 말해야 했다.</u> 거래처 사장은 나를 보더니 배추, 파, 버섯 등 농산물을 사달라고 했다. 나는 우리 마트에서 가장 팔리지 않는 품목이 바로 농산물이고 이것들부터 정리하려고 한다고 말을 전했다. 거래처 대표는 그렇다면 가격을 낮추어 보겠다고 하면서 기한을 정해서 사달라고 했다. 나는 거래처 대표의 말대로 기한을 정할 수밖에 없었다. 농산물을 생산하는 사람들을 생각했기 때문었다.

3. 밑줄 친 부분에 나타난 '나'의 심정으로 가장 알맞은 것을 고르십시오.

① 속상하다　　② 곤란하다　　③ 답답하다　　④ 억울하다

4. 윗글의 내용과 같은 것을 고르십시오.

① 내가 운영한 마트는 성업중이었다.

② 농산물 중에서 배추, 파가 인기가 있었다.

③ 거래처 대표는 가격을 낮출 수 없다고 말했다.

④ 나는 농산물 생산자를 생각해 당분간 농산물을 팔기로 했다.

선생님은 나를 포함한 모든 학생들에게 눈을 감으라고 했다. 우리 반 학생의 신발이 없어졌는데 누가 가져갔는지 조용히 손을 들면 용서해 준다는 것이었다. 그런데 아무도 손을 들지 않았나 보다. 쉬는 시간에 선생님이 나를 부르셨다. 혹시 내가 친구의 신발을 가져갔는지를 물어보셨다. 나는 그 말을 듣는 순간 하염없이 눈물이 뿜어져 나왔다. 나는 아무 말도 할 수 없었다. 그때, 반의 회장이 선생님에게 와서 신발이 복도에서 발견되었다고 말했다. 선생님은 나에게 잠깐 의심해서 미안하다고 했다.

5. 밑줄 친 부분에 나타난 '나'의 심정으로 가장 알맞은 것을 고르십시오.

   ① 부끄럽다   ② 곤란하다   ③ 억울하다   ④ 번거롭다

6. 윗글의 내용과 같은 것을 고르십시오.

   ① 우리 반 학생의 신발을 누가 빌려갔다.

   ② 선생님은 눈을 감고 음악을 들으라고 했다.

   ③ 선생님은 개인적으로 나를 불러 질문을 했다.

   ④ 친구들은 복도에서 신발을 차면서 신나게 놀았다.

II. 읽기(2)

. . . .

신문 기사 제목 설명한 것 고르기

[25~27]

① 사전 수업

🔍 이것을 기억하세요!

> [25~27] 이 문제는 **신문 기사 제목**이 무슨 의미인지 묻습니다.
>
> 원인-결과, 반대-결과, 주어-술어 중에서 선택하세요.
>
> 1. **앞말과 뒷말의 관계**를 파악하세요.
>
> 2. **관계에서 의미**를 추측하세요.
>
> 3. **한자 어휘, 고유 어휘, 의태어**를 익히세요.

🔍 문제 풀이 방법을 보세요. 64회 문제입니다.

※ [25-27] 다음 신문 기사의 제목을 가장 잘 설명한 것을 고르십시오. (각 2점)

25. 관광버스 추락, 안전벨트로 승객 전원 목숨 건져
　　① 관광버스가 추락했지만 승객들이 안전벨트 덕분에 모두 살았다.
　　② 관광버스 추락 사고 이후 안전벨트를 하는 승객이 더 많아졌다.
　　③ 관광버스가 추락하자 일부 승객이 안전벨트를 풀고 탈출하였다.
　　④ 관광버스가 추락하면서 안전벨트를 한 일부 승객이 크게 다쳤다.

26. 침묵 깬 김민수 의원, 대통령 선거 출마설 부인
　　① 김 의원이 대통령 선거에 나가느냐는 질문에 계속 답하지 않고 있다.
　　② 김 의원이 마음을 바꾸어 대통령 선거에 나가겠다고 최종 발표하였다.
　　③ 김 의원이 대통령 선거에 나간다고 선언하자 사람들이 열렬히 환영했다.
　　④ 김 의원이 대통령 선거에 나간다는 것이 사실이 아니라고 입장을 밝혔다.

27. 민간 우주선 무사 귀환, 우주여행 시대 '성큼'
　　① 사람들의 응원 속에 민간 우주선이 긴 우주여행을 마치고 돌아왔다.
　　② 사람들은 민간 우주선이 우주여행에서 무사히 돌아오기를 기대했다.
　　③ 민간 우주선이 무사히 돌아오면서 우주여행의 가능성이 더욱 높아졌다.
　　④ 민간 우주선이 돌아오지 않자 우주여행에 대한 우려의 목소리가 커졌다.

먼저, 25번입니다.

관광버스 추락, 안전벨트로 승객 전원 목숨 건져

먼저, 추측해야 합니다. 먼저, 관광버스, 안전벨트라는 말은 알고 있습니다.
'안전벨트로 살았다는 이야기겠구나' 하고 생각합니다.
그러면 25번은 무슨 관계일까요? 반대-결과입니다.
'관광버스가 추락했다. 하지만 안전벨트로 승객 모두 목숨을 건졌다.'
참고로 다음 어휘도 알아두십시오.

추락하다 ≒ 떨어지다, 전원 ≒ 모두, 목숨을 건지다 ≒ 살다

답은 ①입니다.

26번을 봅니다.

> 침묵 깬 김민수 의원, 대통령 선거 출마설 부인

'부인'이라는 말을 추측합니다.

한자 어휘에서 '불', '부', '비'가 앞에 있으면 앞의 말을 '아니다', '-지 않다'라고 합니다.

그래서 '부인하다'는 '인정하지 않다'라는 뜻입니다.

'침묵을 깨다' 이 말 어렵죠? '오랫동안 조용히 있다가 드디어, 갑자기, 마침내 말하다'입니다.

그러니까, 다음처럼 이해합니다.

'말하기 시작한 김민수 의원이 대통령 선거에 나온다는 말을 인정하지 않았다.'

주어-술어입니다.

가장 비슷한 것은 ④입니다.

27번

> 민간 우주선 무사 귀환, 우주여행 시대 '성큼'

추측해야 합니다. '무사'가 '무사히'라는 말이고 '귀환하다'의 '귀'가 돌아왔다는 뜻입니다. 한자 표현입니다. 다음 예들을 보시죠.

귀환하다: 돌아오다
귀가하다: 집으로 돌아오다
귀향하다: 고향으로 돌아오다
귀국하다: 자기 나라로 돌아오다

'성큼'은 갑자기 빠르게 왔다는 말입니다.

①은 우주여행 시대를 말하지 않았습니다.

②도 우주여행 시대를 말하지 않았습니다.

④는 돌아오지 않았다고 했으나 돌아왔습니다.

답은 ③입니다. 원인-결과입니다.

이미 나온 문제들을 확인해 보았습니다. 쉼표(,)를 기준으로 앞 말과 뒷 말이 있습니다.

앞 문장과 뒷 문장은 보통 원인-결과, 반대-결과, 주어-술어로 되어 있습니다.

아래 표에는 시험 횟수에 나온 문제와 해답을 제시하였습니다. 특히, 문법적으로 어떻게 바뀌었는지 붉은 색으로 표시하였으므로 확인해서 자기의 것으로 만드시기 바랍니다.

	원인-결과 앞 문장 [-아/어서, -(으)면서, N 때문에, N(으)로 인해, N 덕에] 뒷 문장
83회	기습 폭우에 차량 '엉글엉금', 출근길 정체 → 갑자기 많이 쏟아진 비로 차들이 **천천히** 운행하면서 출근길이 막혔다. 드라마 '진실' 인기 효과, 원작 베스트셀러 1위 → 드라마 '진실'이 인기를 얻으면서 원작이 판매량 1위를 차지했다.
64회	민간 우주선 **무사 귀환**, 우주여행 시대 '성큼' → 민간 우주선이 **무사히 돌아오면서** 우주여행의 가능성이 더욱 높아졌다.
52회	소비 심리 '**봄바람**', 백화점 매출 기지개 → 소비자들의 구매 욕구가 **살아나(서)** 백화점 매출이 늘어나고 있다. 연휴 마지막 날 교통 체증, 고속도로 몸살 앓아 → 연휴가 끝나는 날 고속도로에 **몰린 차들로 인해** 길이 많이 막혔다.
47회	한류 배우 **인기 폭발**, 해외 광고 요청 줄 이어 → 한류 배우가 **큰 인기를 얻으면서** 해외 광고 출연 요청이 잇따르고 있다. **황금연휴**, 여행 업계 오랜만에 웃어 → **긴 연휴로** 여행 업계가 오랜만에 활기를 찾았다. 배추 **생산 과잉**, 농민들 한숨 → 배추가 **필요 이상으로 생산되어(서)** 농민들이 힘들어한다.
41회	불황에도 포도주 소비 '**껑충**', 불붙은 판매 경쟁 → 불황에도 포도주 소비 **증가 때문에** 포도주의 판매 경쟁이 심해졌다. 마을 어르신들이 '지킴이'**역할 톡톡히**, 주민 얼굴에 웃음 가득 → (마을 어르신들이 경찰 같은 역할을 잘 **하여서** 주민이 기분이 좋다.) → 주민들은 안전을 위해 애쓰는 마을 **노인들 덕에** 기분이 좋다.
35회	취업률 석 달째 **제자리걸음**, 정부의 현실적인 대책 필요해 → (취업률이 석 달째 **제자리걸음이기 때문에** 정부의 현실적이 대책이 필요하다.) → 취업률을 높일 수 있는 정부의 실현 가능한 대책이 요구된다.

	반대-결과 앞 문장 [하지만, -지만, 그러나, -(으)나] 뒷 문장
83회	온라인 거래 사기 급증, 정부 대책 마련은 미흡 → 온라인 거래 사기를 막기 위해 마련한 정부의 대책은 큰 효과가 없었다.
64회	관광버스 **추락**, 안전벨트로 승객 전원 목숨 건져 → 관광버스가 추락했**지만** 승객들이 안전벨트 덕분에 모두 살았다.
60회	출산율 또 **하락**, 정부 대책 효과 없어 → 정부가 대책을 세워 노력했**으나** 출산율은 다시 떨어졌다. 제2공장 정상 **가동**, 반도체 공급 안정은 미지수 → 제2공장이 반도체 생산을 시작했**지만** 공급이 안정될지는 불확실하다.
41회	낮에는 **화창**, 밤부터 곳에 따라 빗방울 '뚝뚝' → 낮에는 **맑겠으나** 밤부터 일부 지역에는 비가 오겠다.
37회	대형 마트 **불황**, 재래시장 매출은 나 홀로 '쑥쑥' → 대형 마트는 매출에 **어려움이 있지만** 재래시장은 매출이 올랐다.

	주어-술어 앞 문장 [N이/가] 뒷 문장
64회	침묵 깬 김민수 **의원**, 대통령 선거 출마설 부인 → (침묵 깬 김민수 **의원이** 대통령 선거 출마설을 부인했다.) → 김 **의원이** 대통령 선거에 나간다는 것이 사실이 아니라고 입장을 밝혔다.
60회	**놀이공원**, 수익에만 치중 이용객 안전은 뒷전 → **놀이공원이** 수익은 중요시하고 이용객의 안전은 중요시하지 않고 있다.
52회	시청자 사로잡는 드라마 **음악**, 시청률 상승 효과 '톡톡' → 드라마 **음악이** 시청자에게 사랑을 받으며 시청률을 높이는 역할을 했다.
37회	**영화 '사랑'**, 기대감 속에 개봉 첫날 관객 수 오만 넘어 → (**영화 '사랑'이** 기대감 속에 개봉하여 첫날 관객 수 오만을 넘었다.) → 영화 '사랑'에 대한 기대감이 높아 오만 명이 관람하였다.
36회	뮤지컬로 만나는 **드라마**, 볼거리 많아져 → **드라마가** 뮤지컬로 만들어져 즐길 수 있는 것이 많아졌다. **배구팀** '젊은 옷' 갈아입고 훨훨 날다 → **배구팀이** 젊은 선수로 바뀐 후 경기 결과가 좋아졌다. 새 부동산 **정책**, 효과 놓고 의견 엇갈려 → (새 부동산 **정책이** 효과 놓고 의견이 나뉘었다.) → 새 부동산 정책의 효과에 대해 사람들의 의견이 나뉘었다.
35회	한쪽으로 메는 **가방**, 허리 건강 '빨간 불' → (한쪽으로 메는 **가방이** 허리 건강에 나쁘다.) → 가방을 계속 같은 방향으로 메면 허리 건강에 좋지 않다. 독특한 모양의 **간판**, 지나가는 사람들의 시선 끌어 → 색다른 모양의 **간판이** 사람들의 눈길을 사로잡고 있다.

기타

37회 중부 지방 비 **오락가락**, 내일까지 이어져

→ (중부 지방은 비가 **오락가락하면서** 내일까지 계속될 것이다.)

→ 중부 지방은 내일까지 비가 내렸다 그쳤다를 반복할 것이다.

신문 기사 제목 고르는 문제는 어휘 때문에 어렵습니다.

한자어, 연어, 의태어, 비유어가 신문 기사에 나옵니다. 아래 어휘들을 익히시기 바랍니다.

	한자어	연어, 의태어, 비유어
83회	급증 ≒ 갑자기 늘다, 미흡 ≒ 부족하다, 충분하지 않다. 기습 ≒ 갑자기 폭우 ≒ 많은 비	엉금엉금 ≒ 천천히 느리게
64회	(버스) 추락 ≒ 떨어지다 (출마설) 부인 ≠ 시인 (무사) 귀환 ≒ 돌아오다	목숨 건지다 ≒ 살다 침묵 깨다 ≒ 말을 하다 (시대)'성큼' ≒ 상당히 많이 다가오다
60회	하락 ≠ 상승 (정상) 가동 ≒ 작동, 움직임 미지수 ≒ 알 수 없음, 불확실함	안전은 뒷전 ≒ (앞에 있지 않고) 뒤에 있음
52회	교통 체증 ≒ 길이 막힘	(소비 심리) '봄바람'≒ 봄처럼 시작되는 바람 기지개 켜다 ≒ 시작하다 (고속도로) 몸살 앓다 ≒ 아프다 → 막히다 시청자(를) 사로잡다 ≒ 시청자가 사랑하게 되다 효과(를) '톡톡'(히) 보다 ≒ 효과를 많이 보았다
47회	인기 폭발 ≒ 인기가 어마어마하게 많아짐 황금연휴 ≒ 길어진 연휴 생산 과잉 ≒ 생산이 너무 많음	(광고 요청) 줄 잇다 ≒ 계속 되다 (업계) 웃다 ≒ 업계가 잘 된다, 활기를 찾다 한숨 (쉬다) ≒ 힘들어하다
41회	화창 ≒ 맑음	(빗방울) '뚝뚝' ≒ 조금씩 떨어지다 불 붙은 (판매) ≒ 심해지다 역할 톡톡히(하다) ≒ 잘해 내다 (소비) '껑충' ≒ 많이 오르다 웃음 가득 ≒ 기분이 정말 좋다, 감사하다
37회	불황 ≒ 불경기 ≠ 호황 ≒ 호경기	비 오락가락 ≒ 비가 오다가 안 오다가 하다 (나 홀로) '쑥쑥' ≒ 많이 자라다, 오르다, 상승하다
36회		'젊은 옷' 갈아입다 ≒ 젊은 선수 (의견) 엇갈리다 ≒ 나뉘다 ≠ 일치하다 훨훨 날다 ≒ 잘하다, 좋아지다
35회		건강 '빨간 불' ≒ 위험, 적신호 ≠ 파란불, 청신호 시선 끌다 ≒ 눈길을 사로 잡다 제자리걸음 ≒ 앞으로 나아가지 않고 자기 자리에서 걷는 걸음

※ [1~12] 다음 신문 기사의 제목을 가장 잘 설명한 것을 고르십시오. (각 2점)

1. | 범인, 모든 혐의 부인 |

① 범인이 모든 범죄 의혹에 대해서 아니라고 말했다.

② 범인이 모든 범죄 의혹에 대해서 그렇다고 말했다.

2. | 폭설, 출근길 '엉금엉금' |

① 폭설로 인해 출근하는 길이 빨라졌다.

② 폭설로 인해 출근하는 길이 느려졌다.

3. | 부동산 시장 '꽁꽁', 아파트 매수 심리 하락 |

① 부동산 시장이 상당히 안 좋아서 아파트를 사려는 욕구가 떨어지고 있다.

② 부동산 시장이 굳건히 괜찮으나 아파트를 팔려는 사람들이 적어지고 있다.

4. | 인주 자동차, 올해 50만 대 팔아 역대 '최다' |

① 인주 자동차가 올해 자동차 50만 대를 팔았는데 지금까지 제일 많다.

② 인주 자동차가 금년에 자동차를 50만 대를 팔았지만 제일 많다고 할 수 없다.

5. | 프로야구, 코로나 없어 관중 '파란불' |

① 프로야구가 코로나가 없지만 사람들이 올지 확실하지 않다.

② 프로야구가 코로나가 없어져서 관중들이 많이 올 것으로 기대된다.

6. | 서빙, 배달 로봇 '성큼', 여기에 투자해야 |

① 서빙, 배달 로봇이 천천히 오고 있어서 이 분야에 투자해야 한다.

② 서빙, 배달 로봇이 벌써 쓰이고 있기 때문에 이 분야에 투자해야 한다.

7. | 어린이 요가, 몸 '튼튼' 키 '쑥쑥' |

  ① 어린이가 요가를 하면 몸이 건강해지고 키가 금방 자란다.

  ② 어린이가 요가를 한다면 몸은 튼튼해지지만 키는 나중에 자란다.

8. | 의사 드라마, 첫 방송부터 '대박' |

  ① 의사 드라마가 첫 방송에서 별로 인기가 없었다.

  ② 의사 드라마가 첫 방송에서 엄청난 인기를 끌었다.

9. | 재난 문자 오발송, 시민들 심장 '쿵쿵' |

  ① 재난 문자가 발송되지 않아 시민들의 심장이 아팠다.

  ② 재난 문자가 잘못 발송되어 시민들이 상당히 놀랐다.

10. | 판매 사업 가동, 걸림돌 많아 |

  ① 판매 사업을 시작했으나 어려움이 많이 남아 있다.

  ② 판매 사업을 시작하려고 했으나 어려움이 많아 그만두었다.

11. | 대표팀 감독 교체, 약체팀 기사회생 |

  ① 대표팀 감독을 바꾸어서 약한 팀이 강한 팀으로 변했다.

  ② 대표팀의 약한 체질을 바꾸기 위해 대표팀 감독을 교체하려고 한다.

12. | 대통령 농담, 웃음꽃 만발 |

  ① 대통령이 실수하여 주위의 사람들이 모두 크게 웃었다.

  ② 대통령이 재미있는 말을 하여 주위의 사람들이 모두 웃었다.

※ [1~9] 다음 신문 기사의 제목을 가장 잘 설명한 것을 고르십시오. (각 2점)

1. | 김철수 의원 양자토론 제안, 박영희 의원 "대환영" |

① 김 의원이 둘이서 토론을 하자고 하자 박 의원이 좋다고 말했다.

② 김 의원이 양자에 대해서 토론을 하자고 하자 박 의원이 좋다고 말했다.

③ 김 의원이 둘이서 토론을 하자고 했으나 박 의원은 부정적인 반응을 보였다.

④ 김 의원이 양자에 대해서 토론을 하자고 했지만 박 의원이 좋아하지 않았다.

2. | 주식 40만 → 20만, 개미들 반토막에 비명 |

① 주식이 절반이 떨어져서 개인투자자들이 힘들어 하고 있다.

② 주식이 20만 원이 하락하여서 개인투자자들의 반 정도가 울고 있다.

③ 주식이 많이 떨어져서 개미들이 반 정도가 되었고 슬피 울고 있다.

④ 주식이 20만 원이 떨어졌으나 개미 모습의 사람들이 비명을 지르고 있다.

3. | 드라마 〈달리는 떡볶이〉, 춤과 노래로 시청자 사로잡아 |

① 드라마 〈달리는 떡볶이〉가 춤과 노래를 보여주고 있다.

② 드라마 〈달리는 떡볶이〉가 떡볶이, 춤, 노래를 보여주고 있다.

③ 드라마 〈달리는 떡볶이〉가 흥미로운 내용으로 큰 인기를 얻고 있다.

④ 드라마 〈달리는 떡볶이〉가 시청자들에게 춤과 노래를 시키고 있다.

4. | 드라마 대상 수상자 김영희 씨, "묵묵히 정진하겠다." |

① 드라마로 대상을 수상한 김영희 씨는 앞으로도 열심히 하겠다고 했다.

② 드라마 대상 수상 예정자 김영희 씨는 끝까지 최선을 다하겠다고 말했다.

③ 드라마로 대상을 받은 김영희 씨는 말없이 할 일에 최선을 다하겠다고 했다.

④ 드라마로 대상 수상을 바라는 김영희 씨는 힘이 없으나 열심히 하겠다고 했다.

5. | 극심한 영화관 침체, '아이맥스'는 인기폭발 |

① 영화관은 점점 사라지고 있고 '아이맥스'도 많이 없어지고 있다.

② 영화관은 더 이상 인기가 없으나 '아이맥스'는 조금 인기가 있다.

③ 매우 큰 영화관은 없어지고 있고 '아이맥스' 또한 점점 사라지고 있다.

④ 영화관은 사람들이 찾지 않고 있으나 '아이맥스'는 인기가 높아지고 있다.

6. | 인주 배구팀 상대팀에게 일격, 선두에서 한발 물러서 |

① 인주 배구팀이 상대팀을 때려 선두로 올라갔다.

② 인주 배구팀이 상대팀에게 져서 선두에서 뒤로 갔다.

③ 인주 배구팀이 상대팀에게 이겨서 선두로 한발 올라갔다.

④ 인주 배구팀이 상대팀에게 패배해서 아래로 떨어졌다.

7. | 유류세 인하, 효과 미지수 |

① 유류세가 떨어져서 효과가 좋을 것이다.

② 유류세가 떨어졌으나 효과는 확실하지 않다.

③ 유류세가 하락되었고 효과도 떨어질 것이다.

④ 유류세가 하락되었지만 그 효과도 나타날 것이다.

8. | 김철수, 박영희 꿀 '뚝뚝', 결혼 임박한 듯 |

① 김철수와 박영희가 결혼해서 서로를 너무 사랑하고 있다.

② 김철수와 박영희가 꿀을 좋아하고 조만간 결혼할 것 같다.

③ 김철수와 박영희가 사랑하는 모습을 보이고 있어 금방 결혼할 것 같다.

④ 김철수와 박영희가 곧 결혼할 준비가 되어 있어서 꿀도 준비하고 있다.

9. | 고가 미술품 '바나나', 관람객이 '꿀꺽' |

① 비싼 가격의 미술품 '바나나'를 관람객이 갖고 싶어 했다.

② 미술품 '바나나'는 비싼 가격이었는데 관람객이 먹어버렸다.

③ 미술품 '바나나'가 비쌌지만 관람객들이 모두 그것을 원하였다.

④ 미술품이 비싼 가격이었는데 관람객은 자기 바나나를 그 앞에서 먹었다.

(　　)에 들어갈 말 고르기

① 사전 수업

🔍 이것을 기억하세요!

> [28~31] 1. (　　)가 맨 앞이나 중간에 있으면 그 다음 문장의 내용을 읽고 추측하세요.
>
> 2. (　　)가 맨 뒤에 있으면 그 앞의 문장을 읽고, (　　)의 내용을 추측하세요.

※ [28~31] 다음을 읽고 (　　)에 들어갈 내용으로 가장 알맞은 것을 고르십시오. (각 2점)

28.

　　새해에 세운 목표를 효과적으로 이루려면 한 주 단위로 계획을 세우는 것이 좋다. 주마다 계획을 세우면 (　　) 때문이다. '건강한 식습관 기르기'라는 새해 결심이 한 주 단위가 되면 '라면 안 먹기', '채소 챙겨 먹기'처럼 구체적인 계획으로 바뀐다. 이렇게 하면 작은 목표를 달성하는 횟수가 늘어 한 해의 목표에 가까워진다.

① 한 해의 목표를 확인하기
② 계획을 세우는 데 집중하기
③ 자신의 능력을 보여 줄 수 있기
④ 실천 가능한 계획을 세울 수 있기

29.

　　무지개는 빛이 공기 중의 물방울을 통과할 때 굴절되어 나타나는 현상이다. 그래서 비가 그친 직후 해가 뜰 때 무지개가 잘 생긴다. 이때 (　　) 않으면 무지개가 만들어지기 어렵다. 공기에 먼지 등의 오염 물질이 섞이면 물방울들이 먼지 주위로 모여 빛이 통과하는 것을 막기 때문이다.

① 해가 뜨기　　　　　　　　② 비가 그치지
③ 빛이 약하지　　　　　　　④ 공기가 깨끗하지

30.

　　취재 경계선은 취재가 과열되어 발생할 수 있는 불상사를 예방하기 위해 설정된 것이다. 수백 명의 취재진이 화제의 인물에게 몰려들 경우 사고가 발생해 취재를 망칠 수 있다. 그래서 선을 그어 놓고 그 바깥에서 취재하자는 합의를 본 것이다. 비록 법으로 정해져 있지 않지만 언론계가 이 선을 지키려고 노력하는 것은 (　　) 순간 원활한 보도가 어려워진다는 것을 누구보다 잘 알고 있기 때문이다.

① 취재 정보를 공유하는　　　　② 취재 경계선이 무너지는
③ 취재 내용을 잘못 해석하는　　④ 취재 경계선이 새로 설정되는

31.

> 병원의 규모에 따라 개인이 부담해야 하는 약값을 달리하는 제도가 생겼다. 감기와 같이 비교적 가벼운 병에 걸렸을 때 종합병원에서 진료를 받으면 (   ) 만든 것이다. 같은 약을 동네 의원에서 받은 처방전으로 사게 되면 약값이 더 적게 나온다. 이 제도를 통해 환자들이 진료에 대한 신뢰 때문에 종합병원으로만 몰리는 현상을 줄일 수 있을 것으로 예상된다.

① 환자가 약값을 조금 더 내게
② 개인이 약값을 비교할 수 있게
③ 병원에서 병원비를 올리지 못하게
④ 병원비의 일부를 병원에서 지원하게

28번부터 보도록 하겠습니다.

28번의 단락은 **중심문장 + 뒷받침 문장(이유, 예시문장) + 결론 문장**으로 이루어져 있습니다.

중심문장과 결론 문장의 핵심어 또는 핵심 표현을 확인하면 이유 문장의 (   )를 알 수 있습니다. 중심문장에서 '목표를 효과적으로 이루려면'이라고 했습니다. 결론 문장에서 '작은 목표를 달성하는'이라고 했습니다. 목표를 '이루고 달성하는' 것이죠.

그러니까 ④ '실천 가능한 계획을 세울 수 있기'가 정답입니다.

29번을 보겠습니다. 여기에서는 중심문장 + 뒷받침문장 (이유)를 확인합니다.

'이때 (   ) 않으면 무지개가 만들어지기 어렵다'라는 말은 '이때 (   )면 무지개가 쉽게 만들어진다'는 말입니다. 이 문장은 주장을 말하기 때문에 이유 문장이 나와야 합니다. 다음 문장이 그렇습니다. "공기에 먼지 등의 오염 물질이 섞이면 물방울들이 먼지 주위로 모여 빛이 통과하는 것을 막기 때문이다"라고 했습니다. 여기서 '-기 때문이다'는 이유를 나타내는 표현이죠.

'공기에 먼지 등의 오염 물질이 섞이면'이라고 했습니다. '오염'이라는 말이 들어갔으니까 '더럽다', '깨끗하지 않다'라는 말과 같습니다. 그럼 앞의 문장의 (   )는 뭘까요? 답은 ④입니다.

30번을 보겠습니다.

우선, 이 단락은 무엇에 대해 말하고 있나요? '취재 경계선'에 대해서 말하고 있습니다. **'N은/는'은 '나는 무엇에 대해 말하겠다'**는 뜻입니다. 따라서 '취재 경계선'을 말하지 않는 ①,③은 답이 될 수 없습니다. ②,④ 둘 중에 하나가 답입니다.

(   ) 문장을 보면, '지키려고 노력하는 것은(이유는)'이라고 했으니까 (   )는 '지키다'와 반대인 '지키지 못하다'와 비슷한 단어일 것입니다. 그러니까 답은 ②번입니다. 지키지 못하면 무너지니까 말입니다.

31번을 보겠습니다.

먼저 **중심문장**을 꼭 확인하세요. '병원의 규모에 따라 개인이 부담해야 하는 약값을 달리하는 제도가 생겼다'. 쉽게 말하면, '병원의 크기에 따라 한 사람이 내야 하는 약값이 다른 제도가 생겼다.'입니다. 병원이 크면 약값이 비싸고 병원이 작으면 약값이 싸다는 이야기네요.

그럼, (   ) 가 있는 문장과 그 다음 문장을 확인해 보세요. '종합병원에서 진료를 받으면 (   ) 만든 것이다.'라고 했지요. 다음 문장에서 '동네 의원에서 ... 약값이 더 적게 나온다'고 했습니다. 그러면 '적다'의 반대를 찾으세요. 답은 ①입니다. "약값을 조금 더 내게"입니다.

다음은 이번 문제 유형의 답이 어떠한 문법 표현과 같이 나왔는지 정리했습니다.

-기 때문이다	64회 (계획을 세울 수 있기) 때문이다
	60회 (있기) 때문에
	52회 (움직이지 못하기) 때문이다
-지 않다	64회 (깨끗하지) 않다
-는 명사 **-(으)ㄴ 명사**	83회 (눈의 피로감을 줄이려는) 데
	64회 (무너지는) 순간
	60회 (입힌) 안전유리
	60회 (만들어진) 후
	52회 (번식이라는) 상징

-는 명사 -(으)ㄴ 명사	52회 (단순화하려는) 의도
	47회 (활용하는) 사람도서관
	47회 (사라지는) 상품
	41회 (되돌아보려는) 어른들
	37회 (느껴지게 하는) 제목
	36회 (산업화 과정에 대한) 기록
	35회 (즐길 수 있는) 콘텐츠
	35회 (나누려는) 의도
	35회 (오염되었다는) 사실
-게 동사	64회 (내게) 만들다
	47회 (성향에 맞게) 활용하다
	41회 (달라붙게) 하다
	35회 (따르게) 하다
-(으)ㄹ 수 있다	60회 (집중할) 수 있다
-(으)면	52회 (활동을 하면)
	37회 (노력하지 않으면)
-(으)면서	83회 (자신의 능력을 의심하면서)
	37회 (노출시키지 않으면서)
	36회 (빠져나가면서)
-아/어야 하는지	47회 (움직여야) 하는지
N은/는	41회 (환경)은
N을/를	36회 (경향이 있음을)
	36회 (자기 자신을)
N(으)로	41회 (의식으로) 나타나다
-기보다는 -다	37회 내놓기보다는 (제품을 앞세운다)

※ [1~8] ( )에 들어갈 말로 가장 알맞은 것을 고르십시오. (각 2점)

1.

행복해지려면 순간순간을 즐기려는 시도를 하는 것이 좋다. 순간마다의 즐거움을 미래로 미루고 일에만 몰두한다면 ( ) 것이다. 회사에서 점심 시간에 좋아하는 음악을 들으면서 맛있는 음식을 먹어보자. 입가에 미소가 저절로 만들어진다. 반대로 그 시간에 업무에 몰두한다면 즐거운 시간은 오지 않을지도 모른다.

① 행복은 벌써 온   ② 행복은 오지 않을

2.

검은콩의 까만 껍질은 인체에 효과적인 성분이 듬뿍 들어 있다. 먼저, 모발 성장에 필수적인 성분이 풍부해 탈모 예방에 도움이 된다. 그리고 음식으로 꼭 섭취해야 하는 필수 아미노산이 40%나 되며 노화를 늦추는 항산화 물질도 일반콩보다 4배나 많다. 특히, 안토시아닌 성분은 혈액 속 중성지방과 콜레스테롤을 낮춰 피를 맑게 해 혈관 ( ).

① 건강에 기여한다   ② 건강에 부정적이다

3.

뼈 건강은 일상적인 삶을 유지하는 중요한 요소이다. 그래서 운동을 통한 뼈 건강 유지를 확인해 보는 것이 좋다. 걷기나 달리기처럼 몸무게가 실리는 운동은 뼈를 건강하게 하는데 도움이 된다. 하루에 세 번, 10분씩 빨리 걸어보자. 또한 나이를 먹고서도 계속 걷기나 달리기를 하는 사람들은 ( ) 확률이 줄어든다. 만약에 그렇게 된다고 하더라도 뼈가 부러질 가능성이 낮아진다.

① 넘어져서 다칠   ② 넘어져서 다치지 않을

4.

> 어린이보호구역에서의 사고가 계속 이어지고 있다. 최근에도 방과 후에 어린이보호구역에서 건널목을 건너던 어린이가 다치는 사고가 있었다. 이러한 사고를 줄이기 위해서 운전자는 이곳에서 속도를 줄이고 (   ) 도로에 보행자가 있는지 확인할 의무를 지켜야 한다. 또한 어린이보호구역에서 사고를 일으키는 운전자는 가중 처벌을 해야 한다.

① 잠시 쉬어가면서　　　　　　　　② 전방을 잘 살피면서

5.

> 학교에서 선생님은 말하고 학생들은 듣고 적는 것이 전통적인 수업의 방식이었다. 이런 전통적인 수업 방식은 학생들을 수업에서 주인이 되지 못하게 하고 수동적인 태도를 가지게 하였다. 그런데 '거꾸로 수업'이 등장해 학생들을 능동적인 주인이 되게 하였다. 집에서 선생님이 하는 수업을 인터넷으로 듣고 학교에서는 그 수업 내용에 대해서 (   ) 되었다. 이렇게 시끌벅적한 수업은 선생님과 학생 모두에게 신바람을 일으키고 있다.

① 선생님에게 듣고 적게　　　　　　② 선생님과 신나게 이야기하게

6.

> 기후 변화는 인류에게 폭염과 같은 재앙을 안겨주고 있다. 게다가 이러한 기후 변화를 (   ) 동물들을 사지로 몰아넣고 있다. 우리 개인이 기후 변화로 생긴 문제들을 해결하기 위해서는 실제적이고 구체적인 노력이 필요하다. 자전거 타기, 냉난방 줄이기, 물아껴 쓰기, 재활용 사용하기 등 우리가 할 수 있는 일은 많다.

① 견디지 못하는　　　　　　　　　② 재미있게 즐기는

7.

> 물가가 많이 올라 식사 비용도 부담이 된다. 그런데 '천 원의 아침밥' 사업이 대학교마다 시작되어 학생들로부터 뜨거운 반응을 이끌어내고 있다. 학생이 천 원을 내면 학교에서 이천 원, 정부에서 천 원을 보조해 주는 방식이다. 이 복지 사업을 통하여 모든 대학의 학생들이 (   ) 식사를 했으면 하는 바람이다.

① 돈을 벌면서 하는　　　　② 돈 걱정을 안 하는

8.

> 한 연구에 따르면 블루베리 주스를 마시면 뇌 기능이 향상된다고 한다. 블루베리에는 항산화제가 풍부하게 들어있어서 노화에 따른 뇌 기능 저하를 막아준다는 것이다. 실제로 3개월 동안 블루베리 주스를 마신 사람들의 기억력 테스트 점수가 (   ). 뿐만 아니라 집중력에도 탁월한 효과가 있는 것으로 알려지고 있다.

① 낮게 나왔다고 한다　　　　② 높게 나왔다고 한다

※ [1~4] (   )에 들어갈 말로 가장 알맞은 것을 고르십시오. (각 2점)

1.

> 한국에서는 보통 설날에 세배를 한다. 즉, 차례가 끝나면 조부모, 부모의 순서대로 새해 첫인사를 드리는데 이를 세배라고 한다. 세배를 받은 사람은 어른에게는 술과 밥, 아이에게는 과일과 돈으로 대접하며 서로 덕담을 주고 받는다. 세배를 통해 아랫사람은 예의를 갖추어 효를 실천할 수 있고 윗사람은 (   ) 수 있다.

① 정치와 경제를 말할
② 공부와 학원을 다닐
③ 평안과 건강을 기원할
④ 슬픔과 기쁨을 치료할

2.

> 심폐소생술은 의식이 없는 사람에게 심장에 자극을 주어 혈액순환을 하게 해 정상으로 회복시키는 응급처치이다. 사람이 호흡이 멎은 상태에서 뇌에 혈액이 공급되지 않을 때, 뇌에 손상이 발생하게 된다. 따라서 (   ) 바로 심폐소생술을 진행해야 한다. 가슴 중앙을 깍지 낀 손으로 초당 1.5-2회의 속도로 분당 100-200회 5㎝ 들어가도록 압박해야 한다.

① 사람이 머리가 아프면
② 사람이 의식을 잃으면
③ 사람이 숨을 크게 쉬면
④ 사람이 뇌수술이 필요하면

3.

> 　　최근 국립공원에서는 산불이 44건 발생했다. 피해 면적은 13.45 핵타르(ha)로 축구장 19개 크기다. 산불 발생의 가장 큰 원인은 입산자 실화로 27건(61%)이었다. 국립공원 산불이 늘어난 이유는 작년 입산자가 전년보다 증가한 이유도 있겠지만, 기후 변화로 (　　　　) 때문이라고 보고 있다. 환경부는 증가하는 산불을 예방하기 위해 매년 2~5월 '봄철 산불조심기간', 11~12월 '가을철 산불조심기간'을 두고 있다.

① 비가 많이 왔기 　　　　　　② 얼음이 신속히 녹기

③ 산불이 나기 쉬워졌기 　　　④ 더위가 일찍 찾아왔기

4.

> 　　유명 대기업이 청소년 사이버폭력 예방 활동을 위해 단체를 만들어 화제다. 이 단체에서는 이미 있던 학교 폭력 (　　　　) 했다. 다시 말해, 올 연말까지 대부분 학교에서 예방 교육을 실시할 수 있게 지원할 예정이다. 그리고 피해 학생을 보호하고 이 학생들이 심리적, 육체적으로 회복할 수 있도록 지원 활동을 강화할 계획이다.

① 상황 비디오를 보기로 　　　② 예방 교육을 확대하기로

③ 예비 교육을 축소하기로 　　④ 반대 캠페인을 실시하기로

≫ 내용이 같은 것 고르기

① 사전 수업

🔍 이것을 기억하세요!

> [32~34] 1. 무엇에 대한 이야기인지 **첫 번째 문장을 훑어 읽으세요**. 첫 번째 문장을 읽고
> 무슨 내용인지 확인하세요.
>
> 2. 선택지에서 **핵심 생각**들을 확인하세요.
>
> 3. 선택지의 **핵심 생각들을 단락 글에서 빨리 찾아** 같은지 다른지 확인하세요.

※ [32~34] 다음을 읽고 내용이 같은 것을 고르십시오. (각 2점)

32.

> 나비 박사 석주명은 나비의 종류를 분류하고 이름을 지어 준 생물학자이다. 1931년부터 나비를 연구한 그는 한국의 나비가 총 844종이라는 당시의 분류를 248종으로 수정하였다. 날개 무늬나 모양이 조금만 달라도 다른 종이라고 판단한 기존의 분류가 틀렸음을 배추흰나비 16만여 마리의 무늬를 비교해서 밝혔다. 또한 그때까지 한자어나 외래어로 명명된 나비에 '떠들썩 팔랑나비'와 같은 고유어 이름을 지어 주는 데 앞장섰다.

① 석주명은 한국의 나비를 총 844종으로 분류하였다.
② 석주명은 나비 이름을 고유어로 바꾸려고 노력하였다.
③ 석주명은 자신의 배추흰나비 연구에 문제가 있음을 알았다.
④ 석주명은 나비의 날개 모양이 다르면 종이 달라짐을 밝혔다.

33.

> 저축의 방식을 가로 저축과 세로 저축으로 나눠 비유하여 설명할 수 있다. 차량 구입이나 주택 마련과 같이 특정 목적을 위해 한 통장에 집중하여 저축하는 것이 세로 저축이다. 반면 장기적으로 다양한 목적에 따라 자금을 여러 통장에 분산하여 저축하는 것을 가로 저축이라고 한다. 단기적으로 빨리 목돈을 만들고 싶다면 세로 저축을, 은퇴 후의 생활까지 고려한다면 가로 저축을 선택하는 것이 좋다.

① 노후 준비에는 세로 저축이 유리하다.
② 세로 저축보다 가로 저축을 하는 것이 더 좋다.
③ 저축의 목적이 다양하면 가로 저축이 유용하다.
④ 가로 저축은 단기적인 계획이 있을 때 효율적이다.

34.

> '책가도'는 책장과 책을 중심으로 하여 각종 문방구 등을 그린 그림이다. 학문을 중요시하는 왕의 바람과 출세를 원하는 양반의 마음이 더해져 책가도는 궁중과 사대부를 중심으로 발전하였다. 19세기에는 상인과 농민 계층으로도 확산되면서 그 형식도 자유로워졌다. 그림에서 책장 대신 작은 탁자가 활용되기도 하고 일상 용품이 함께 그려지기도 했다.

① 왕은 책가도에 대해 부정적 인식이 강했다.
② 점차 다양한 계층에서 책가도를 즐기게 되었다.
③ 초기의 책가도에는 일상 용품이 주로 그려졌다.
④ 책가도는 왕의 바람으로 그림의 형식이 바뀌었다.

이 문제는 단락 글에서 첫 문장을 읽고 무슨 내용인지 판단한 다음, 각 선택지의 핵심 생각을 단락 글에서 찾아 같은 지 다른 지를 확인하면 됩니다.

32번 문제를 보겠습니다.

먼저, 무엇에 대한 이야기인지 첫 번째 문장을 보겠습니다.

"나비 박사 석주명은 나비의 종류를 분류하고 이름을 지어 준 생물학자이다."라고 했으니까 〈석주명은 나비 박사이다. 그래서 나비의 종류를 분류하고 이름을 지어 주었다.〉라는 내용을 확인할 수 있습니다.

다음으로 선택지에서 핵심어들을 찾아 단락 글과 내용이 같은지 다른지 확인해 보시죠.

①은 '총 844종으로 분류하였다'가 핵심 생각인데요. 단락 글에서는 '248종으로 수정하였다'네요. ①은 단락 글의 내용과 다릅니다.

②는 '고유어로 바꾸려고 노력하였다'가 핵심 생각입니다. 단락 글에서 '고유어 이름을 지어 주는데 앞장섰다'고 했으니까 ②는 단락 글의 내용과 같습니다.

③은 '자신의 배추흰나비 연구 문제가 있다'가 핵심 생각입니다. 단락 글에서 '기존의 분류가 틀렸다'고 했으니까 ③도 위의 단락 글의 내용과 다른 문장입니다.

④는 '날개 보양이 다르면 종이 달라진다'가 핵심 생각입니다. 단락 글에서는 '기존의 분류가 틀렸다'라고 했으니까 ④는 단락 글의 내용과 다릅니다.

따라서 답은 ②입니다.

33번을 보겠습니다.

첫 번째 문장을 보니까 저축의 방식에 대해서 말하고 있습니다. 가로 저축, 세로 저축이 있다고 하네요.

좋습니다. 이제 선택지를 하나씩 확인하시죠.

① '노후 준비, 세로 저축'이 핵심 생각입니다. 노후 준비라는 말을 단락 글에서 찾아보니 없습니다. 대신에 '은퇴 후의 생활'이라는 비슷한 말이 있습니다. 그것은 '가로 저축'이네요. 그러니까 ①은 단락 글의 내용과 다릅니다.

② '세로 저축, 가로 저축, 더 좋다'가 핵심 생각입니다. 단락 글을 보면 각각 장점이 있다는 것이지 하나의 저축이 더 좋다는 표현은 없습니다. ②도 단락 글과 내용이 다릅니다.

③ '저축 목적 다양, 가로 저축 유용'이 핵심 생각입니다. 단락 글에서 "다양한 목적 … 가로 저축이라고 한다"고 했습니다. 맞습니다. 답은 ③입니다. 단락 글과 일치합니다.

④ '가로 저축, 단기적 계획, 효율적'이 핵심 생각입니다. '단기적'을 찾아 보시죠. 단락 글에서 '단기적으로… 세로 저축'이라고 되어 있네요. 그러니까 ④는 단락 글과 다릅니다.

따라서 답은 ③입니다.

이렇게 선택지의 핵심 생각을 단락 글과 맞추어 가면 어렵지 않게 같은 내용을 찾을 수 있습니다.

34번도 보시죠.

무엇에 대해서 말하나요? '책가도'죠. '책가도'에 대해 첫 문장에서 이야기합니다. 〈'책가도'는 ~~~ 그림이다〉 '오, 그림이구나.' 하고 선택지를 확인하면 됩니다.

① '왕, 책가도, **부정적 인식**'이 핵심 생각이죠. 부정적 인식이 뭔가요? 나쁘게 생각했다는 말입니다. 그럼 왕을 단락 글에서 찾아보세요. 나쁘게 생각했다는 말은 없습니다. 좋게 생각했습니다. 이를 뭐라고 하나요. **긍정적 인식**이라고 합니다. ①은 단락 글과 다릅니다.

② '다양한 계층, 책가도를 즐기다'가 핵심 생각입니다. 다양한 계층이라고 했으니까 왕말고 다른 사람들이 나와야겠죠. 〈왕, 양반, 상인, 농민 계층〉이라고 했으니까 이게 답이네요.

③ '초기 책가도, 일상 용품'이 핵심 생각입니다. 초기, 중기, 후기 또는 말기 아시죠? 단락 글에서는 19세기라고 했으니까 후기쯤 되겠네요. 다릅니다.

④ '왕의 바람, 형식 바뀜'이 핵심 생각입니다. 단락 글에서는 '발전하였다고' 했지 '바뀌었다'는 표현은 없습니다. 따라서 ④의 내용은 단락 글과 다릅니다.

따라서 답은 ②입니다.

한번 정리해 보겠습니다.

---

1. 이 문제 유형은 대부분 〈중심문장 + 뒷받침 문장들〉로 이루어졌다는 사실입니다. 가끔 '그러나/하지만' 다음이 '중심문장'일 때도 있습니다. 따라서 중심문장을 빨리 읽고 무슨 내용인지 확인하세요.

2. 선택지 순서대로 각각 핵심 생각을 단락 글에서 찾아 확인하세요. 어떻게 찾냐고요? **핵심 생각에 사용된 단어**를 단락 글에서 찾으면 됩니다.

3. 모르는 단어가 있다고 해도 걱정할 필요가 없습니다. 선택지의 핵심 생각을 단락 글에서 같거나 비슷한 말을 찾으면 됩니다.

4. 선택지의 핵심 생각을 '빨리' 확인하고 단락 글에서 '빨리', '정확하게' 확인할 수 있으면 이 문제는 쉽게 할 수 있습니다.

5. 혹시, 이 문제가 어려워서 많은 시간을 들여서 하신다면 그렇게 하지 마십시오. 먼저, 쉬운 문제들부터 다 하고 나서 이 문제들을 푸는 것이 좋습니다.

그러면 어떠한 화제가 나왔는지 확인해 보도록 하겠습니다.

분야	화제
문화 생활	아기들의 지시어(83회)
	저축의 방식(64회)
	석주명(64회)
	'책가도'(64회)
	표준시의 유래(60회)
	점묘법(52회)
	보자기(41회)
	사관(41회)
과학	애기장대(83회)
	기준음을 내는 오보에(83회)
	하루살이(60회)
	눈물(60회)
	오염지표(52회)
	북극곰(41회)
	우주과학(36회)
	비행기 기내식(35회)
	도시 벌의 증가(35회)
시사 뉴스	동물원 간 교류(47회)
	의약품 안전 사용 서비스(52회)
	집에서의 휴식(47회)
	보존 운동(47회)
	장애인 운영 커피숍(37회)
	유라시아 횡단 프로젝트 원정단(37회)
	동경이(37회)
	개발된 티셔츠(36회)
	위조 방지 수표(36회)
	정부의 캠페인(35회)

※ [1~9] 다음을 읽고 글의 내용과 같은 것을 고르십시오. (각 2점)

1.

> 유일한 박사는 유년기에 미국으로 유학을 가 미시간 대학교에서 공부하고 식품사업가가 되었다. 귀국한 후 1926년 서울에서 유한양행을 설립하였다. 그는 최초로 종업원지주제를 시행하고 후생복지시설을 세워 회사의 임직원에게도 복지를 챙겨주었다. 또한 인재를 양성하기 위해 유한공업고등학교와 유한대학교를 설립하였고 연세대학교를 비롯한 각종 재단에 기부를 하였다. 그리고 말년에 회사 경영권을 가족이 아닌 사람에게 맡겼으며, 1971년 세상을 떠나면서 전 재산을 사회에 기증했다.

① 유일한 박사는 죽기 전에 모든 재산을 사회에 기증했다.

② 유일한 박사는 미시간 대학교에서 식품 사업을 공부했다.

2.

> 살을 빼기 위해서는 여러 방법이 있겠지만 '뒤로 걷기'는 상당한 효과가 있는 방법이다. 이 운동은 칼로리 소모 효과가 높다. 먼저, 준비운동을 위해 경사진 곳을 정상적인 걸음으로 1분간 올라갔다 내려온다. 그 다음 뒷걸음으로 1분간 최대한 빨리 언덕을 올라간다. 그리고 2분간 가벼운 걸음으로 언덕을 내려온다. 이 같은 동작을 반복하면 신기하게도 살이 빠진다.

① 뒤로 걷기는 살을 빼기에 효과가 있다.

② 경사진 데를 정상적인 걸음으로 2분간 올라간다.

3.

> 강강술래라는 놀이는 여자들이 손을 잡고 노래를 부르면서 빙글빙글 도는 놀이이다. 이 놀이는 흥겨운 노래뿐만 아니라 춤, 놀이가 잘 어우러진 여성들의 놀이이다. 이 놀이가 분포되어 있는 곳이 바닷가 지역인 점을 감안하면, 남성들이 물고기를 잡기 위해 바다로 나가면, 여성들이 마을에 남아 이 놀이를 하면서 안전과 풍어에 대한 기원을 한 것으로 보인다.

① 여성들은 강강술래라는 춤을 추면서 바다에 나갔다.

② 강강술래는 사람들의 안전과 풍어를 기원한 것이다.

4.

> 호랑나비 애벌레는 귀엽게 생겼으므로 사육에 인기가 많다. 이 애벌레는 햇빛이 직접 들지 않을 뿐만 아니라 통풍이 잘 되는 곳에서 키워야 한다. 일반적으로 먹이로는 탱자나무 잎이나 귤나무 잎을 주면 된다. 화분에서 키울 수도 있는데 기생벌이 들어오지 못하도록 촘촘한 망으로 화분을 꼭 싸고, 망의 위쪽과 아래쪽은 묶어서 다른 곤충들이 들어오지 못하도록 해야 한다.

① 호랑나비 애벌레는 햇빛이 잘 드는 곳에서 키운다.

② 호랑나비 애벌레는 탱자나무 잎이나 귤나무 잎을 먹는다.

5.

'부처님 오신 날'이 되면 서울 도심에 연등행렬이 진행된다. 이 '연등회'는 2020년 유네스코 인류무형문화유산에 등재되기도 했다. 연등회의 특별한 점은 천년 이상을 이어온 지속성에 있다. 신라시대 간등부터 고려 연등회, 조선 관등놀이를 거쳐 오늘날의 '연등회'로 계승되었다. 과거에는 연등회를 할 때면 밤새 등을 밝히고 축제의 날로 남녀노소가 즐겼다. 최근에는 시대를 반영해 대형 타요버스 연등과 펭수 연등까지 등장해 재미까지 더해주고 있다.

① 연등회는 오랜 시간동안 지속적으로 계승되었다.

② 최근에는 소형 타요버스 연등까지 등장하고 있다.

6.

미래 환경을 위해 일회용품 사용을 줄이려는 실천이 증가하고 있다. 사람들은 일회용 컵 대신 텀블러, 비닐봉투 대신 에코백을 사용한다. 그러나 이렇게 사용하는 다회용품이 오히려 미래 환경에 도움이 되지 않는다고 한다. 예를 들면, 텀블러를 일회용 컵처럼 제조, 유통, 폐기하면 환경 오염이 심각해 질 수 있다. 일회용품보다 다회용품이 더 많은 쓰레기를 발생하기 때문이다.

① 사람들은 텀블러 대신 일회용 컵을 사용한다.

② 다회용품이 일회용품에 비해서 쓰레기가 더 많을 수 있다.

7.

> 　　노화의 원인 중 하나로 지목된 것은 '유전체 불안정성'이다. '유전체 불안정성'이란 자외선, 각종 화합물, 활성산소 때문에 유전체가 손상되는 현상을 말한다. 생명체가 나이가 들면서 체세포에 돌연변이를 비롯한 다양한 형태의 염색체 손상이 일어나고 축적된다. 이러한 손상은 중요한 기능을 하는 유전자나 회로에 문제를 만들게 되며, 세포의 기능에 심각한 장애를 일으킨다. 결국 유전체 불안정성은 세포를 변형하여 노화에 이르게 한다.

① 유전체 불안정성은 유전체가 손상되는 현상이다.

② 세포가 손상되면 문제를 일으키나 심각한 것은 아니다.

8.

> 　　정부에서는 노후생활지원 원스톱서비스를 시행하기로 하였다. 노후생활지원 서비스는 노후 준비에 필요한 의료 · 건강 등을 체계적으로 준비할 수 있도록 지원하는 서비스이다. 대상 · 연령별로 정부 지원 혜택을 함께 안내하고, 의료, 취업 등 핵심 서비스는 통합 신청할 수 있다. 노후생활지원 서비스를 통해 국민들이 제공받을 수 있는 서비스는 노인일자리 사업, 노후준비 방문상담 예약 신청, 노후준비 교육신청, 귀농 귀촌 명의변경, 119 안심콜 서비스 등 다양하다.

① 노후생활지원 서비스를 통해 취직을 할 수 있다.

② 노후생활지원 서비스는 친구들과 체육 활동을 할 수 있다.

9.
> '엘니뇨'는 열대 동태평양의 바닷물 표면 온도가 상승하는 현상을 뜻한다. 즉, 바다의 온도가 평소와 다르게 뜨거워지는 현상이라고 볼 수 있다. 엘니뇨가 발생하는 원인은 명확하게 알려져 있지는 않지만 지구에서 주기적으로 발생한다고 알려져 있다. 실제로 엘니뇨가 찾아오면 동남아시아 지역이나 호주 지역에서는 가뭄이 발생하고, 동태평양 지역 인근의 남미 지역에서는 홍수가 일어나곤 한다.

① 엘니뇨는 바닷물의 온도가 보통 때와 달리 더워지는 현상이다.

② 엘니뇨가 찾아가는 지역에서는 항상 가뭄 현상이 일어나곤 한다.

※ [1~6] 다음을 읽고 글의 내용과 같은 것을 고르십시오. (각 2점)

1.

> 얼마 전에 어린 얼룩말이 동물원에서 탈출해 서울 도심 한복판을 누빈 적이 있었다. 그러한 행동을 한 이유를 확인해 보니, 얼룩말 부모가 숨진 후부터 그랬다는 것이다. 이 얼룩말은 집에 들어가지 않고 이웃 동물인 캥거루와 싸우거나 사육사의 말도 듣지 않았다고 한다. 동물원 당국은 조속히 이 얼룩말이 외롭지 않도록 짝을 지어주기로 했다.

① 얼룩말은 시골에서 할머니와 할아버지를 만났다.

② 얼룩말은 이웃인 캥거루와 친밀한 관계로 지냈다.

③ 어린이공원에서 어린 얼룩말이 탈출한 적이 있다.

④ 얼룩말의 행동은 그 부모가 죽은 다음부터 시작되었다.

2.

> 과일에는 탄수화물을 비롯한 천연 당과 필수 비타민, 미네랄이 풍부하다. 당뇨병 환자는 탄수화물을 조심해야 하므로 과일을 먹을 때 주의해야 하지만 수박은 마음놓고 먹어도 좋다. 수박 100g에는 탄수화물이 7.5g밖에 들어 있지 않기 때문이다. 이는 고구마 100g에 탄수화물이 20g 들어 있는 것과 비교하면 수박에 탄수화물이 적다는 사실을 알 수 있다. 수박은 92%가 물이고 탄수화물 비율이 가장 낮은 과일이다.

① 당뇨병 환자는 과일을 마음대로 먹어도 좋다.

② 수박은 탄수화물 비율이 가장 적은 편에 속한다.

③ 비타민과 탄수화물 섭취는 당뇨병 환자에게 좋지 않다.

④ 고구마는 다른 과일에 비해 탄수화물이 가장 많이 들어있다.

3.

> '보호색'은 천적의 눈에 보이지 않도록 주위와 비슷한 색깔로 몸을 바꾸는 색이다. 청개구리는 이끼와 바위 사이에서 천적의 눈을 피하기 위해 녹색과 갈색의 보호색으로 자신을 보호한다. 고등어는 천적인 갈매기의 눈에서 벗어나기 위해 등이 바닷물과 비슷한 푸른색 빛으로 바꾼다. 또한 문어는 주변 환경에 따라 보호색이 달라진다. 바위 근처에서는 바위 색으로, 산호초 옆에서는 산호초 색으로 보호색이 변한다.

① 문어는 바위 근처에서만 바위 색으로 다르게 한다.

② 보호색은 다른 동물들이 알아 볼 수 있도록 하는 색이다.

③ 청개구리는 숲과 나무 사이에서 녹색과 갈색으로 자신을 지킨다.

④ 고등어는 갈매기의 눈을 피하기 위해 바닷물과 비슷한 색으로 바꾼다.

4.

> 고독사는 가족과 연락이 끊긴 채 홀로 살다가 죽는 죽음을 말한다. 요즘 고독사가 증가 추세라고 한다. 고독사는 개인의 불행일 뿐만 아니라 사회적으로도 부정적인 기능을 한다. 일할 수 있는 중년이 고립에 빠지게 되면 사회적 생산성이 떨어질 수밖에 없다. 따라서 정부는 1인 가구를 비롯한 홀로 사는 사람들을 도와줄 제도적 장치를 마련해야 한다.

① 고독사는 사회적인 생산성에 악영향을 끼친다.

② 고독사는 가족과 함께 살면서 죽는 경우를 말한다.

③ 고독사는 과거에 증가했다가 요즘 감소 추세를 보이고 있다.

④ 정부는 홀로 사는 사람들을 위한 복지센터를 만들어야 한다.

5.

> 커피는 중독에 이르게 하고 야간에 수면을 방해한다. 이러한 커피의 성격은 널리 알려져 있어서 커피를 꺼려하는 사람도 있다. 그러나 커피에는 장점도 있다. 곧 커피를 마심으로써 정신이 각성되거나 뇌의 기능이 활성화되는 효과도 있다는 것이다. 어려운 문제를 생각하거나 정보 처리와 같은 일을 할 때, 커피를 마시면 뇌의 기능이 현저하게 활성화된다. 게다가 커피는 알츠하이머 병의 예방 효과도 있는 것으로 알려졌다.

① 커피가 알츠하이머 병에는 별 쓸모가 없다.

② 커피를 마셔서 정신이 각성되는 것은 단점에 속한다.

③ 커피를 마시면 뇌의 기능이 활발해져서 문제 해결에 좋다.

④ 수면을 방해하지만 사람들과의 친교에는 좋은 게 커피다.

6.

> 〈만복사저포기〉는 양생이 여인을 만나 사랑하다가 작별하는 내용의 고전소설이다. 두 주인공은 갑자기 만나 사랑에 빠져서 음주하면서 시를 읊으며 놀기도 하고 3일 동안 같이 지내기도 하지만 결국 이별하게 된다. 그 이유는 여인이 귀신이어서 죽음의 세계로 가야만 했기 때문이다. 양생은 여인이 전쟁 때문에 억울하게 죽었음을 알게 되었고 그 여인을 위해서 깊게 슬퍼해 준다.

① 여인은 하늘의 세계로 가야했기에 양생과 이별했다.

② 양생은 여인이 억울하게 죽었기 때문에 깊게 애도해 주었다.

③ 양생과 여인은 사랑을 하지 않았지만 놀고 같이 살기도 했다.

④ 〈만복사저포기〉는 양생과 여인이 사랑해서 결혼한 이야기이다.

알맞은 주제 고르기

[35~38번]

① 사전 수업

🔍 이것을 기억하세요!

[35~38] 이 문제 유형에서는 주장글과 설명문에서 주제를 고릅니다.

1. 단락에 '그러나', '하지만'이 없으면 그 단락은 **첫 문장과 마지막 문장이 중요합니다.** 특히, 첫 문장과 마지막 문장의 '명사은/는'에서 '명사'는 **주제어**이므로 이것부터 보세요.

2. **'그런데', '하지만', '그러나', '반면(에)', '그와 달리'가 있으면 그 문장이 중요한 문장**입니다. 그 문장에서 핵심 단어를 찾으세요. 단어를 중심으로 훑어 읽으세요. 그리고 마지막 문장과 비교해 보세요.

3. 대상에 대한 내용이 **부정적인지 긍정적인지**를 파악하세요.

🔍 문제 풀이 방법을 보세요. 64회 문제입니다.

※ [35~38] 다음 글의 주제로 가장 알맞은 것을 고르십시오. (각 2점)

35.

> 문화재 복원 사업은 복원된 부분이 자연스러워야 하고 그 과정에서 문화재가 추가로 손상되지 않아야 한다. 이 때문에 정확한 측정으로 복원할 부분을 원래 모습과 동일하게 만들어 내는 것은 복원의 성공을 결정하는 중요한 요건이다. 최근 3D 스캐너와 프린터가 등장하여 이러한 요건을 충족할 수 있게 되면서 정밀하고 안전한 문화재 복원이 가능해졌다.

① 첨단 장비 덕분에 문화재 복원이 수월해졌다.
② 문화재는 손상 예방을 위한 사전 관리가 중요하다.
③ 복원 환경 탓에 원본이 변형되는 경우가 많아지고 있다.
④ 복원 기술자를 대상으로 한 3D 장치 사용 교육이 필요하다.

36.

> 아기는 주변 사물을 손으로 더듬고 만지면서 지각 능력을 발달시킨다. 그런데 이렇게 능동적인 경험뿐만 아니라 사람, 햇빛, 바람 등에 의한 접촉도 주요한 촉각 경험이 된다. 그중 주변 인물과의 피부 접촉은 사랑, 유대감, 심뢰감 등 유아의 정서 발달과 사회성 발달에 매우 중요하다. 연구에 따르면 아기가 태어난 후 몇 년 사이에 이루어진 피부 접촉은 정서 발달에 필수적인 호르몬 분비를 촉진할 뿐만 아니라 지능 발달에도 영향을 미친다고 한다.

① 인간은 촉각을 통해 주변 사물을 이해한다.
② 정서 발달과 지능 발달은 상관관계가 높다.
③ 촉각 경험의 중요성에 대한 연구가 필요하다.
④ 유아의 발달을 위해서는 피부 접촉이 중요하다.

37.

> 나무에 붙어 자라는 버섯을 보면 나무로부터 양분을 받으며 별다른 노력없이 살아간다고 생각하기 쉽다. 하지만 버섯은 나무에게 없어서는 안 될 중요한 존재이다. 나무들은 위기 상황이 발생해도 자리를 옮겨 이를 알릴 수 없기 때문에 뿌리로 소통하며 위험에 대비한다. 이때 뿌리가 짧아 서로 닿지 않는 나무들 사이에서는 실처럼 뻗은 버섯 균사체가 메시지 전달을 대신한다. 그래서 학자들은 버섯 균류를 '숲의 통신망'이라고 부른다.

① 버섯은 다른 식물이 있어야 자랄 수 있다.
② 나무의 뿌리에 숲에서 하는 기능은 다양하다.
③ 버섯은 숲에서 나무들의 정보 교환을 돕는 역할을 한다.
④ 나무의 생활환경에 대한 학자들의 관심이 높아지고 있다.

38.

> 음주 운전으로 인명 피해를 낸 사람에 대한 처벌 강화 법안이 국회에서 통과되었다. 하지만 새 법안은 원래 안건보다 처벌의 강도를 낮춘 것이라는 점에서 반쪽자리 법안에 불과하다. 이 법안에 따르면 여전히 음주 운전 가해자의 처벌이 미뤄지거나 일정 기간이 지난 후 효력이 없어질 수도 있다. 이는 음주 운전에 대한 경각심을 높이고 재발 위험성을 낮추려던 본래의 취지에는 맞지 않는 것이다.

① 법안이 가진 본래의 취지를 널리 알려야 한다.
② 피해 정도에 따라 처벌의 수위를 조절해야 한다.
③ 새 법안의 통과가 더 이상 미루어져서는 안 된다.
④ 새 법안은 실질적 효과를 거두는 데 미흡한 점이 있다.

35번 보겠습니다.

35번 단락 글에 '하지만', '그러나', '그런데'가 있는지 한번 보세요. **읽지 말고 보세요.** 없죠?

그러면 첫 번째 문장과 마지막 문장 보겠습니다.

첫 번째 문장에 '문화재 복원 사업은'이라고 되어 있네요. '명사은/는'은 '명사에 대해서 말하겠다'는 말입니다. 그러니까 이 글은 문화재 복원 사업에 대해서 말하겠다는 말입니다.

마지막 문장에도 '문화재 복원'이라는 말이 나옵니다.

선택지를 보겠습니다. ①에 '문화재 복원'이라는 말이 나왔습니다. ②, ③, ④는 이 단어가 없습니다. 그래서 ①이 답입니다.

36번 보시죠.

단락 글에 '그런데', '하지만', '그러나'가 있나요? 네, 있습니다. 보통 두 번째 문장에 있습니다.

두 번째 문장을 보면 "그런데 이렇게 능동적인 경험뿐만 아니라⋯ 접촉도 주요한 촉각 경험이 된다."이렇게 되어 있네요. 여기에서 핵심어는 뭐예요? '접촉'입니다.

마지막 문장 보면 '아기', '피부접촉'이 긍정적인 영향을 미친다는 것입니다.

그러면 '아기', '피부 접촉'이 나온 선택지가 뭐예요?

④입니다. "유아의 발달을 위해서는 피부 접촉이 중요하다." 다른 선택지는 '접촉'이라는 말이 없습니다.

37번 볼까요?

이 단락 글은 무엇에 대해 이야기해요? "하지만 버섯은 나무에게 없어서는 안 될 중요한 존재이다"라고 했으니까 버섯에 대해서 이야기하죠. 왜 버섯이 중요하죠? 다음 문장들을 단어를 훑어 읽기 하세요. '소통', '메시지 전달', '숲의 통신망' 등이 보이네요. 그렇다면 답은 뭘까요?

③입니다. 먼저 '버섯은'이 나와야 합니다. ①, ③이 그렇습니다. 그런데 '소통', '메시지 전달'과 같은 표현이 들어 있는 것을 찾아야 합니다. ③에서 '정보 교환'이 있으니까 답은 ③입니다.

38번은 무엇에 대한 이야기인가요?

두 번째 문장에서 '새 법안은'이라고 했으니까 '새 법안'이 있는 선택지는 무엇인가요? ③, ④입니다.

단락 글을 볼까요? '반쪽자리 법안', '맞지 않은 것이다' 부정적입니다. 답은 ④입니다.

※ [1~10] 다음을 읽고 글의 주제로 가장 알맞은 것을 고르십시오. (각 2점)

1.

> 저출산 문제에 대한 해결 방법을 찾지 못한 채 합계출산율이 더 떨어지고 있어 우려스럽다. 이 문제에 대한 선결과제는 현재의 부부들이 아기 출산을 왜 꺼려하는지를 확인하는 일이다. 정부는 결혼하는 부부를 대상으로 질적인 조사를 하여 그들의 바람이 무엇인지, 2세에 대한 생각은 어떠한지 구체적으로 알아야 한다. 정부는 아기를 낳지 않으려는 부부의 생각을 선결과제로 먼저 조사해야 한다.

① 정부는 부부들의 생각을 선결과제로 두고 조사해야 한다.

② 결혼하는 부부는 질적인 조사로서 스스로의 바람이 무엇인지 말해야 한다.

2.

> 곰에 대해 잘못된 상식이 투영된 말들이 있다. 둔한 사람을 곰같이 둔하다고 하거나 어리석고 미련한 사람을 "미련 곰탱이"라고 하기도 한다. 그러나 실제로 곰은 지능이 상당히 높으며 행동도 민첩할 뿐만 아니라 정확한 것으로 알려져 있다. 곰은 사육사에게 자신의 먹이를 위해 애원하기도 하도 이미 보았던 사람은 아는 체도 한다. 이렇듯 곰은 머리가 좋고 똑똑하며 매우 빠르다는 이야기이다.

① 곰은 똑똑할 뿐만 아니라 행동도 민첩하다.

② 곰에 대한 기존의 이미지는 긍정적이며 낙관적이다.

3.

> 최근 한 드라마의 주인공이 여성의 경력 단절을 극복하고 사회에 복귀하여 성공한다는 이야기가 관심을 받고 있다. 그러나 현실에서는 여성들의 경력 단절이 당연한 것처럼 여겨지고 있다. 남성과 같이 학교에 다녔던 여성들이 출산과 육아로 경력을 이어 나가지 못하고 있는 것이다. 정부 당국은 여성들이 경력 단절을 넘어서 자아 실현을 할 수 있는 실제적인 방안을 마련하여야 한다.

① 드라마 주인공은 사회에 복귀하였다가 경력 단절로 좌절하게 된다.

② 정부는 여성이 경력 단절을 넘어서 자아 실현을 할 수 있게 해야 한다.

4.

> 1억 년 전까지만 해도 나비와 나방은 모두 밤에 활동하는 곤충이었다. 하지만 나비는 꽃으로 인해 밤을 버리고 낮을 선택했다. 나비가 야행성 그룹에서 탈출해서 낮 세상에 진출하게 된 상황에는 1억 년 전에 나타난 꽃이 있었다. 나방 중에서 남다른 일부 무리가 그때까지 미지의 세계였던 꽃 속의 꿀을 찾아 밤이 아닌 낮에 활동을 시작했던 것이다. 이렇게 나비는 꿀이 흐르는 낮의 세계로 진입하였다.

① 나비와 나방은 모두 밤에 움직이는 곤충이다.

② 나비는 꽃의 꿀을 위해 낮의 세계를 선택했다.

5.
> 동물에게도 기본적으로 보장해야 할 권리 즉, 동물권이 있다. 하지만 현실은 동물들의 동물권을 인정하지 않는 듯하다. 동물들의 사육장은 좁고 어두우며 더럽다. 게다가 뜬장이라고 해서 땅을 디딜 수도 없다. 집에서 키우는 개나 고양이는 주인으로부터 폭력을 당하기도 하고 심하게는 버려지기도 한다.

① 동물들에게 기본적인 권리를 보장해야 한다.

② 동물들에게 규칙적으로 식사를 제공해야 한다.

6.
> 온실 가스를 줄이기 위한 방법이 여러 가지로 제출되고 있다. 그중에 하나가 전기차이다. 전기차는 화석 연료로 운행되는 차보다 친환경으로 여겨져 각광을 받고 있다. 그러나 미래에는 전기차보다 수소차가 환영을 받을 수 있을 것이다. 친환경은 말할 것도 없고 경제적인 효과와 시장성의 확대라는 장점이 있기 때문이다.

① 온실 가스를 줄이기 위해서 여러 가지 노력을 해야 한다.

② 수소차는 앞으로 환경을 위하고 경제적이므로 인기가 있을 것이다.

7.

> 　출퇴근 시간에는 집회를 할 수 없도록 하는 법안이 제출될 모양이다. 출퇴근 시간에 버스나 지하철에 타서 집회를 한다면 시민들의 불편이 가중되기 때문이라는 것이 그 이유이다. 그러나 집회와 결사의 자유는 헌법이 보장하고 있는 시민의 권리이다. 몇몇 불편한 점은 집회 개최자와 협상을 해서 해결할 일이지 집회를 못하게 해서는 안 된다.

① 출퇴근 시간에는 집회를 해서는 안 된다.

② 집회의 자유는 헌법이 말하고 있는 시민의 권리이다.

8.

> 　이번 '부처님 오시는 날'이 토요일이라서 그 다음 주 월요일이 대체 공휴일로 쉬게 된다. 이렇게 국정 공휴일이 주말에 있는 경우 대체 공휴일 제도가 생겨 쉬게 되었다. 그러나 대체 공휴일이 상당히 많아져서 직장인은 일에 집중할 수 없고 학생은 공부를 할 수 없는 경우가 있다. 따라서 국가와 관련된 공휴일만 그렇게 하는 것이 효율적일 것이다.

① 공휴일이 주말에 있게 되면 대체 공휴일을 지정하게 된다.

② 국가와 관련된 공휴일에 대체 공휴일을 줄 수 있도록 하자.

9.

> 　백화점에서 명품을 구매하는 것도 좋지만 문화 활동에 빠지는 것도 나쁘지 않을 것 같다. 서울백화점에서는 이탈리아의 유명 미술 작가의 작품전을 열고 있다. 관람객이 벌써 2만 명을 넘어 서고 있다. 세계백화점에서는 세계적으로 유명한 피아니스트를 초청해 연주회를 열기로 했다. 이렇듯 백화점은 쇼핑뿐만 아니라 예술문화를 향유하는 공간으로 변화하고 있다.

① 백화점에서는 명품을 구매할 수 있다.

② 백화점에서 작품전이나 연주회에 참여할 수 있다.

10.

> 　대학 생활에서 표절은 항상 유혹으로 다가온다. 내 글보다 더 좋은 글이 있을 때, 그 글을 내 글로 하고 싶다. 그러나 이러한 표절의 욕망으로부터 도망쳐야 한다. 내 글의 내용이 부족하고 논리적이지 않더라도 내 글을 사랑해야 한다. 모자라고 비논리적인 글에서 완전하고 논리적인 글이 탄생할 수 있기 때문이다.

① 내 글보다 더 좋은 글이 있으면 그 글을 가져야 한다.

② 표절하고 싶은 마음이 있을 때 단호히 거절해야 한다.

※ [1~6] 다음을 읽고 글의 주제로 가장 알맞은 것을 고르십시오. (각 2점)

1.

> 뇌졸중과 심장병을 예방하기 위해서는 가공 식품을 먹지 않아야 한다. 현대인은 실생활에서 바쁘다는 핑계로 컵라면, 가공 피자를 포함한 가공 식품을 먹을 경우가 많다. 이런 경우가 잦아지면 살이 찌는 데다가 혈관에 콜레스테롤이 늘어날 수 있다. 혈관에 콜레스테롤이 늘어나고 살이 찌게 되면 뇌졸중과 심장병으로 이어지는 악순환을 겪게 된다.

① 바쁜 현대인은 가공 식품을 적당히 먹어야 한다.

② 현대인들은 한가하지만 가공 식품을 먹을 때가 있다.

③ 현대인의 삶은 악순환의 연속이므로 거기에서 빠져 나와야 한다.

④ 가공 식품을 섭취하지 않으면 뇌졸중과 같은 병에 걸리지 않는다.

2.

> 잘 알려진 것처럼, 한국인 한 명당 연간 쌀 소비량이 30년 전과 비교하면 절반 수준이 되었다. 이렇게 된 이유는 밥을 지어서 먹는 사람들이 현저하게 줄었기 때문이다. 그러나 쌀을 소비하기 위한 여러 가지 방법들이 소개되고 있다. 그 대표적인 예가 떡과 술이다. 떡 판매는 가파르게 증가하는 추세이고 막걸리와 같은 전통주도 꾸준히 팔리고 있다.

① 쌀 소비는 지속적으로 증가하고 있는 추세이다.

② 쌀을 소비하기 위하여 다양한 시도가 계속되고 있다.

③ 한국인은 예전이나 지금이나 동일한 양을 소비하고 있다.

④ 떡은 잘 팔리고 있으나 막걸리는 사람들이 흥미를 잃고 있다.

3.

> 섬이나 시골에 의료봉사가 필요하다. 이곳들에서는 연로한 사람들이 거주하는데 도시에서 보는 병원의 혜택을 볼 수 없기 때문이다. 특히, 섬 지역은 의료 시설이 거의 없다시피 한 상황이어서 의료봉사나 의료 지원이 절실해진다. 물론, 의료봉사만으로는 심도 있는 진료와 치료는 할 수 없을지 몰라도 긴급한 질환을 발견하거나 만성 질환을 관리할 수 있다. 따라서 의료봉사, 의료 지원이 긴급히 요청된다.

① 시골에서는 남녀노소가 어울려서 산다.

② 만성 질환 관리는 환자가 스스로 하는 것이 좋다.

③ 의료 취약지에 의료봉사를 할 수 있도록 해야 한다.

④ 의료봉사만으로도 본격적인 진료와 치료가 가능하다.

4.

> 창작자의 권리인 저작권이 침해당하고 있다. 책이나 교재가 파일로 저장되어 저렴한 가격으로 매매되고 있기 때문이다. 학문의 전당인 대학교의 학생들는 말할 것도 없고 일반인들도 이렇게 하는 경우가 상당수이다. 그러나 이러한 현상은 창작을 불가능하게 하는 악순환의 시초가 될 것이다. 책이나 교재가 팔리지 않게 되면 출판사에서 다시 출판하지 않으려 할 것이고 결국 창작자는 창작을 할 수 없게 될 것이다.

① 사람들은 저작권을 보호하고 있다.

② 일반인들은 책을 전자책으로 구입한다.

③ 저작권 침해는 창작을 못하게 할 수 있다.

④ 출판사에서는 책을 출판하기 위해 다른 시도를 한다.

5.

> 클래식 음악을 들으면 심리적 안정을 이룰 수 있어 좋다. 서양 고전 음악을 클래식 음악이라고 하는데 이 음악을 들으면 스트레스 해소에 도움이 된다. 또한 연구나 공부를 할 때도 집중하는 데도 도움을 줄 수 있다. 이 뿐만이 아니다. 임산부가 태교할 때도 이 음악을 들으면 아기도 차분한 성격을 지닐 수 있다고 한다.

① 서양 고전 음악을 클래식 음악이라고 한다.

② 연구나 공부할 때 클래식 음악을 들어야 한다.

③ 아기는 클래식 음악을 좋아해서 자주 듣는다.

④ 클래식 음악을 들으면 마음의 안정을 가질 수 있다.

6.

> 인공 지능 시대가 도래했다. 이러한 시대에 글쓰기를 해야 하는 뾰족한 이유를 모르겠다고 하는 사람들이 많아졌다. 심지어, 인공지능 앱을 사용하면 대신 글을 써 주기도 하는 시대가 되었으니 말이다. 그러나 글쓰기는 단편적이고 즉각적인 생각들을 종합적이고 논리적으로 만드는 힘이 있다. 처음 글을 쓸 때는 엉터리이고 볼품 없지만 고치고 바꾸고 버리고 하면서 내가 원하는 글을 완성할 수 있는 것이다.

① 글쓰기를 하는 합당한 이유를 알 수 없다.

② 인공 지능 앱은 글쓰기를 대신할 수 있다.

③ 글쓰기를 통해 생각을 합리적으로 생산할 수 있다.

④ 글쓰기는 엉터리이고 볼품 없는 모습으로 남을 수 있다.

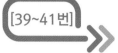

주어진 문장 들어갈 곳 고르기

① 사전 수업

🔍 이것을 기억하세요!

[39~41] 주어진 문장이 들어가기에 가장 알맞은 곳을 고르기입니다.

1. 주어진 문장을 보고 **핵심어로 쓰이고 있는 명사, 동사** 등을 체크하세요.

2. 단락 글에서 주어진 **문장의 핵심어**가 쓰이고 있는 곳을 찾으세요.

3. **내용을 확인**한 후 답을 선택하세요.

🔍 문제 풀이 방법을 보세요. 83회 문제입니다.

※ [39~41] 주어진 문장이 들어갈 곳으로 가장 알맞은 것을 고르십시오. (각 2점)

39.

> 이 책은 크게 두 부분으로 구성되어 있는데 먼저 옛 다리들과 그에 얽힌 이야기를 다룬다.

> 　　이영천의 『다시, 오래된 다리를 거닐다』는 다리를 소재로 한국인의 삶을 돌아본 책이다. (㉠) 여기에서는 수백 년 전에 놓인 징검다리, 왕을 위한 다리 등을 통해 우리 고유의 풍속과 역사를 만난다. (㉡) 이어서 근현대식 다리와 함께 기술의 발전이 다리와 우리 사회에 가져온 변화를 살펴본다. (㉢)이 책은 과거와 현재의 다리를 거닐며 우리가 지나온 길과 가야 할 길을 생각해 보게 한다. (㉣)

① ㉠　　　　② ㉡　　　　③ ㉢　　　　④ ㉣

40.

> 장 신경계는 주로 장 내의 근육 운동과 소화액을 조절하여 소화를 촉진하는 일을 한다.

> 　　뇌는 신경계를 통해 몸 전체의 움직임을 관장하는데 장의 경우에는 뇌의 명령 없이 자율적으로 작동하기도 한다. (㉠) 생존에 필수적인 식사와 소화를 위해 장에 별도의 신경계를 두었기 때문이다. (㉡) 한편 장 신경계가 오로지 장에만 관여하는 것은 아니다. (㉢) 과학자들은 장 신경계와 뇌가 서로 소통하고 있어서 장의 문제가 심리적 변화에 영향을 줄 수 있다고 말한다. (㉣)

① ㉠　　　　② ㉡　　　　③ ㉢　　　　④ ㉣

40.

| 이처럼 정밀하면서도 실제와 같은 그림은 외부인이 궁궐에 침입할 목적으로 사용할 수 있다. |

동궐도는 창덕궁과 창경궁 전체를 그린 조선 시대의 그림이다. (㉠) 세로 2m, 가로 5m가 넘는 대작으로 건축물은 물론 주변의 산과 궁궐 안 연못, 나무까지 그대로 그려 넣었다. (㉡) 건물 배치와 건물 사이의 거리도 완벽하게 재현했다. (㉢) 이러한 이유로 제작자와 제작 연도를 포함하여 그림에 관련된 정보 일체가 왕실 기밀이었을 것으로 추정된다. (㉣)

① ㉠   ② ㉡   ③ ㉢   ④ ㉣

먼저, 39번을 보겠습니다.

39번의 주어진 문장을 보아야 합니다. 여기에 힌트가 가득 담겨 있기 때문입니다.

"이 책은 크게 두 부분으로 구성되어 있는데 먼저 옛 다리들과 그에 얽힌 이야기를 다룬다."

여기서 우리가 주목할 문법 표현이 있습니다. 'N은/는'입니다.

이 문법 표현은 앞 문장에서 구체적인 이름으로 나온 어떤 것 다음에 쓰이는 문법 표현입니다.

앞 문장에서 "이영천의 『다시, 오래된 다리를 거닐다』는 다리를 소재로 한국인의 삶을 돌아본 책이다."라고 했습니다. 구체적인 책 이름이 나왔습니다. 그 다음에 나오는 문장은 '이 책은'이라고 해야 합니다. 그래서 답은 ①입니다.

40번도 39번과 비슷합니다. 주어진 문장은 다음과 같습니다.

"장 신경계는 주로 장 내의 근육 운동과 소화액을 조절하여 소화를 촉진하는 일을 한다."
여기에서도 '장 신경계는'이라고 했으니까 앞 문장에서 장 신경계를 먼저 소개하는 문장이 나와야 합니다.

앞 문장은 "생존에 필수적인 식사와 소화를 위해 장에 별도의 신경계를 두었기 때문이다."라고 했습니다. 이 문장은 장 신경계를 처음 소개합니다. 그러니까 이 문장 다음에 주어진 문장이 들어가야 합니다. 답은 ②입니다.

41번을 보겠습니다. 주어진 문장은 다음과 같습니다.

"이처럼 정밀하면서도 실제와 같은 그림은 외부인이 궁궐에 침입할 목적으로 사용할 수 있다."

우선, '이처럼'이라는 말이 있으니까 두 번째 문장 이후부터 쓸 수 있습니다. '이처럼'이 '정밀하면서도 실제와 같은 그림'을 설명하고 있으니 앞에서는 이러한 표현이 있어야 합니다. (㉡)과 (㉢)이 끝나는 곳에 들어갈 수 있습니다. 따라서 답은 ③입니다.

다시 한번 이 문제를 풀 수 있는 방법을 강조합니다.

1. 주어진 문장에서 핵심어를 찾아내어 단락 글과 연관 지어 비슷한 말을 찾으세요.
2. 그 다음에 단락의 흐름을 확인하십시오. 비슷한 어휘가 이어서 쓰이는 것은 힌트를 주는 것이니 꼭 확인해 주세요.
3. 주어진 문장의 주어 'N은/는'과 '이처럼, 이렇게' 등의 표현이 어떻게 쓰이는지 익혀두세요.

※ [1~8] 주어진 문장이 들어갈 곳으로 가장 알맞은 것을 고르십시오.(각 2점)

1.

> 상대방의 눈, 표정, 동작 등도 체크해야 그 사람의 진심을 알 수 있다.

> 대화할 때는 상대방의 말에 집중해야 한다. (㉠) 그러나 이렇게만 하다가 보면 상대의 진심을 놓칠 수도 있다. (㉡) 그 사람의 온몸에 나타난 행동, 태도도 보아야 한다. 또한 상대방의 특이한 표현도 확인해야 한다.

① ㉠   ② ㉡

2.

> 그래서 최저 시급에 대한 부담을 줄이고자 아르바이트생 대신 식당용 로봇을 쓰는 가게 주인이 증가하고 있다.

> 한 신문에 따르면 아르바이트생을 쓰고 싶은 가게 주인은 최저 시급이 부담이 된다고 한다. (㉠) 식당용 로봇은 한 달 대여료가 60만 원 정도이다. (㉡) 식당용 로봇을 사용하는 것이 아르바이트생을 쓰는 것보다 경제적이라는 것이다. 앞으로 식당에서 식당용 로봇의 사용이 확산될 것으로 보인다.

① ㉠   ② ㉡

3.

> 소리꾼과 고수는 관객을 울리기도 하도 웃기기도 하는 역할을 맡았다.

> 판소리는 한국의 전통 음악 중 하나이다. 노래를 하거나 말을 하는 소리꾼과 북으로 맞장구 치는 고수가 이끄는 노래극이다. (㉠) 신나는 장면에서는 리듬이 빠르고 밝게 표현되고 슬픈 장면에서는 느리고 어둡게 표현되었다. (㉡) 이러한 표현기법은 서민과 양반 모두 판소리를 애호하는 이유가 되었다.

① ㉠   ② ㉡

4.

> 작가의 이러한 질문은 현대 종교의 정체와 그에 대한 신뢰를 문제 삼는 것이다.

> 미국 언론에서 찬사를 받은 권미경 작가의 〈컬트〉가 번역되어 나와 화제이다. (㉠) 이 소설은 부모를 잃은 여자가 컬트 종교에 입문하였다가 다시 그곳으로부터 탈출하는 과정을 그리고 있다. 작가는 믿음과 광신, 또는 합리와 비합리의 경계가 무엇인지 묻는다. (㉡) 오랜만에 만나는 대형 신인 작가의 문제의식은 현대인의 고뇌를 반영하는 듯하다.

① ㉠   ② ㉡

5.

> 즉, 무엇인가 몰두하거나 집중이 필요한 사람들의 공간인 것이다.

> 동네 커피숍은 사람을 만나 서로의 공통 관심사를 털어 놓는 곳이었다. 그러나 현재는 그렇지만은 않다. 커피숍은 사람들이 과제를 해결하거나 숙제를 하는 장소로 탈바꿈하고 있다. (㉠) 대학생들은 중간고사나 기말고사 때 집중적으로 찾아오고 직장인들도 풀리지 않는 문제를 가지고 퇴근 후에 들른다. (㉡) 이러한 '몰두를 통한 문제 해결' 기능은 커피숍의 재발견이라고 할 만하다.

① ㉠   ② ㉡

6.

> 잘못하게 되면 자동차가 미끄러지면서 사고로 이어질 수 있기 때문이다.

> 겨울철에 폭설이 내려 도로가 얼어붙고 미끄러울 때가 있다. (㉠) 이와 같은 도로 상황에서 급정거와 급출발을 하지 않도록 주의해야 한다. (㉡) 따라서 브레이크를 한 번에 밟으면 제동이 잘 안되고 미끄러질 수 있으므로 2, 3회에 나누어 브레이크를 밟아 제동해야 한다. 물론, 이때 앞차와의 거리를 충분히 두는 것은 말할 필요가 없다.

① ㉠   ② ㉡

7.

> 이번 조사에서는 여러 항목의 폭력 중에 언어폭력, 신체폭력, 집단따돌림이 강하게 나타났다.

> 학교 폭력에 대한 조사 결과, 초, 중, 고에서 학교 폭력이 여전한 것으로 나타났다. (㉠) 다만, 예년과 비교하면 집단따돌림, 사이버폭력은 다소 감소하는 추세인 반면 신체폭력은 증가했다. (㉡) 특별히 '언어폭력'의 비중이 가장 높게 나타났고 초등학교와 중학교에서는 '신체폭력'이 고등학교에서는 '집단따돌림'이 가장 많았다.

① ㉠   ② ㉡

8.

> 저자는 이 책에서 개인이 성장하려면 어떻게 해야 하는지, 성공은 무엇인지, 삶을 성숙시키는 요인은 무엇인지에 대해서 간결하게 제시해 놓고 있다.

> 산업 현장에서 수많은 경영 혁신을 이루어온 '신공대' 부회장의 신작 『일의 경영』이 나왔다. (㉠) 이 책은 저자가 에스엔에스 그림책에 꾸준히 올린 글을 모아 놓은 것이다. (㉡) 독자는 이 책을 통하여 삶을 되돌아 볼 뿐만 아니라 미래를 향한 동력도 얻을 수 있을 것이다.

① ㉠   ② ㉡

※ [1~5] 주어진 문장이 들어가기에 가장 알맞은 곳을 고르십시오.(각 2점)

1.
> 그러나 이러한 질문보다는 미래에 중심을 둔 질문에 대답할 수 있도록 하는 것이 좋다.

> 회사에서 상사가 부하직원에게 피드백을 받는 경우가 있다. (㉠) 현재 상사의 문제가 무엇인가, 상사가 잘못한 것은 무엇인가와 같은 과거에 초점을 둔 질문에 대한 대답을 요구하는 것이다. (㉡) 예를 들면, 문제를 해결하고 싶은데 좋은 방법은 없는가와 같은 미래 지향적인 질문을 하는 것이다. (㉢) 그렇게 하면 질문하는 사람과 답변하는 사람 모두에게 깨달음을 이루는 과정이 될 것이다. (㉣)

① ㉠   ② ㉡   ③ ㉢   ④ ㉣

2.
> 이 두 종류의 소설이 시대를 반영한다면 여성들은 전쟁이나 권력자에게 희생당해 왔음을 이 소설들을 통해 알 수 있다.

> 한국의 옛 소설을 보면 여인의 수난이 나타난다. (㉠) 〈춘향전〉으로 대표되는 한 종류의 소설들은 여인들이 수난과 고통을 당하지만 이를 극복하고 결혼하여 행복하게 산다. (㉡) 이와 다르게 〈이생규장전〉과 같은 종류의 소설들에서는 여인이 자신의 억울함과 한을 남자에게 알게 하여 한을 풀려고 한다. (㉢) 그러나 소설속의 여성들은 이에 대해 반대하고 극복하려고 노력하였음도 알 수 있다. (㉣)

① ㉠   ② ㉡   ③ ㉢   ④ ㉣

3.

갑자기 찾아온 대지진은 사람들의 일상적인 질서와 경제적인 풍요를 한번에 빼앗아간다.

이번에 만화영화 〈진지한 평화〉가 4주 연속 1등을 차지했다. (㉠) 〈진지한 평화〉는 대지진 이후에 사람들에게 찾아온 정신적, 신체적 상처를 어떻게 치유하는가를 잘 보여주고 있다. (㉡) 그러나 사람들은 사랑이라고 하는 전통적인 가치를 회복함으로써 소중한 일상과 경제를 되찾게 된다. (㉢) 마지막 장면에서 주인공들은 하늘의 햇빛을 보면서 환하게 웃고 있는데 잔잔한 음악과 함께 두고두고 기억될 장면이다. (㉣)

① ㉠   ② ㉡   ③ ㉢   ④ ㉣

4.

또한 그 '인용'글을 내 '생각'과 견주어 깊게 생각해 보게 된다.

글쓰기는 나의 말과 남의 말이 섞여 있는 사회적 행위이다. (㉠) 글쓰기에서 내 말을 하려면 남의 말을 경청해야 한다. (㉡) 그 경청을 '인용'이라고 한다. 남을 말을 들었으면 나도 말을 해야 하는 것처럼 '인용'을 했으면 나도 그에 대해서 해석, 평가, 비판을 해야 한다. (㉢) 이렇게 '인용' 글쓰기를 하면 남의 말을 이해하려고 애쓰게 된다. (㉣) 따라서 비판적 사고력을 기르기 위해서는 '인용'글쓰기를 자주 해 보는 것이 좋다.

① ㉠   ② ㉡   ③ ㉢   ④ ㉣

5.

> 최 교수가 인터뷰한 이들은 진화론 각각의 영역에서 세계 정상을 달리고 있는 학자들이다.

> 최기천 교수는 다윈의 진화론을 연구하는 학자들과 인터뷰하고 〈다윈의 학자들〉이라는 책을 펴냈다. (㉠) 인터뷰를 통해서 최 교수는 진화심리학, 진화동물학, 영장류학, 유전학 등의 분야에서 활약하고 있는 이들에게 어떠한 학문적 성취를 이루었는지를 캐묻고 있다. (㉡) 최 교수도 전문가답게 이들의 업적만 인터뷰한 것이 아니라 의견이 다르면 논쟁도 마다하지 않았다. (㉢) 최신의 진화론에 관심있는 이에게 일독을 권한다. (㉣)

① ㉠   ② ㉡   ③ ㉢   ④ ㉣

심정어, 알 수 있는 내용 고르기

1 사전 수업

🔍 이것을 기억하세요!

[42~43] 1. 소설에 나타난 **등장인물의 심정**을 묻습니다. '심정'이란 '느낌', '감정'을 말합니다.

2. 좋은 감정도 좋지 않은 감정도 있으므로 **소설의 앞뒤 맥락을 확인**하여 선택지를 선택하세요.

3. 선택지의 내용을 글과 확인하여 **꼭 '같은' 내용을 선택**하세요.

🔍 문제 풀이 방법을 보세요. 64회 문제입니다.

※[42~43] 다음을 읽고 물음에 답하십시오. (각 2점)

> 그때 소희네는 이사를 앞두고 있었는데 엄마는 그렇게 집을 나가 돌아오지 않았다. 작별 인사는커녕 아무 신호도 낌새도 없이 휙 사라졌다. (중략) 엄마가 집 나가고 열흘쯤 지났을 땐가, 소희가 텔레비전을 보고 있는데 본희가 현관에서 신을 신으며 잠깐 나갔다 오겠다고 했다.
>
> "잠깐 어디?" "친구네" "친구 누구?" 소희가 눈을 맞추려 했지만 본희는 돌아보지 않았다. "늦으면 친구네서 자고 올지도 몰라. 기다리지 말고 자." 돌아서 나가는 본희가 멘 가방이 이상하게 커 보여 소희는 자리에서 벌떡 일어났다. 가만히 서 있다가 갑자기 현관문을 열고 맨발로 뛰어나가 계단을 올라가는 본희 뒷모습에 대고 외쳤다. "언니야, 올 거지?" 본희는 멈춰섰지만 돌아서지 않았다. 소희는 묻고 또 물었다. (중략)
>
> 한참 있다가, 몇 년은 지난 거 같은데 몇 시간쯤밖에 안 지난 한밤중에 언니가 문자를 했다. 소희는 언니가 올 때까지 휴대 전화를 손에 꼭 쥐고 문자를 보고 또 보았다. 그러니 않으면 문자가 감쪽같이 날아갈 것 같았다.
> **삼겹살 사가지고 가께. 라면 끓여먹지 말고 기다려.**

42. 밑줄 친 부분에 나타난 '소희'의 심정으로 가장 알맞은 것을 고르십시오.

① 불안하다　　　　　② 흡족하다
③ 실망스럽다　　　　④ 감격스럽다

43. 윗글의 내용과 같은 것을 고르십시오.

① 본희는 밤늦게 소희에게 연락을 했다.
② 엄마는 이사하는 날에 집으로 돌아왔다.
③ 본희는 소희를 데리고 친구 집에 놀러 갔다.
④ 소희는 엄마를 기다리며 휴대 전화를 놓지 못했다.

42번을 보겠습니다.

'심정'이 무엇인가요? 마음과 감정이 합쳐진 말이니까 '마음으로 느끼는 것'이라고 하겠습니다.

이야기를 읽으면서 정리를 하셔야 합니다. 엄마는 나가서 돌아오지 않습니다. 그렇죠? 그런데 언니인 본희가 큰 가방을 메고 나가려고 합니다. 소희는 무엇이라고 생각할까요? 집을 나가서 '돌아오지 않으려는 걸까, 나를 버리려는 걸까' 여러 생각이 듭니다. 그래서 언니에게 계속 질문을 합니다. 그래서 "묻고 또 물었다"라고 했습니다. 이때 소희의 마음 상태는 어땠을까요? 기분이 좋나요? 아니요. 안 좋습니다. 〈흡족하다, 감격스럽다〉는 기분이 좋다는 뜻입니다. 그런데 소희는 기분이 좋은 상태가 아니니까 답이 아닙니다.

〈불안하다, 실망스럽다〉가 남았습니다. 네, 아직 실망스럽지는 않습니다. 언니가 완전히 돌아오지 않는다면 실망스럽겠죠. 그러니까 답은 ① '불안하다'가 되겠습니다.

43번은 내용을 정리하면 그다지 어렵지 않습니다.

답은 "① 본희는 밤늦게 소희에게 연락을 했다."입니다. "한밤중에 언니가 문자를 했다."고 했으니까요.

지금까지 나왔던 심정어를 확인해 보겠습니다. 아래 표는 소설의 밑줄 친 부분을 맞는 심정어와 같이 제시한 것입니다.

횟수	심정어(정답)	밑줄 친 부분	소설의 서술 종류
83회	의심스럽다	네가 그걸 어떻게 알아	등장인물의 말
64회	불안하다	소희는 묻고 또 물었다	등장인물의 행동
60회	서운하다	네가 우리 가족 맞냐?	등장인물의 질문
52회	감격스럽다	나의 간지럽고 아픈 부분을 이렇게나 간결하게 짚어 준 사람이 내 인생에 또 있으랴	등장인물의 말
47회	서운하다	못 오겠냐아?	등장인물의 질문
41회	황당하다	여주인은 한 방 맞은 기분인가 보다	화자의 추측
37회	희열을 느끼다	가슴이 터질 듯 부풀었고 어질어질한 속도감에 사로잡혔다	등장인물의 말
36회	안타깝다	비를 맞으며 현식이 인혜네 창문을 올라다보며 서 있었던 것이다	화자의 말
35회	격려하고 있다	수영장에 있던 모든 사람도 스피커 소리에 따라 큰 소리로 숫자를 따라 샜다	화자의 말

아래 표는 지금까지 나왔던 심정어를 부정, 긍정으로 나누어 정리했습니다. 유사 어휘도 꼭 확인해 보세요.

	기출 어휘	유사 어휘
부정적 감정	불안하다	불안정하다
	서운하다	섭섭하다
	억울하다	분하다
	황당하다	기막히다, 어이없다
	안타깝다	가엾다, 딱하다
	실망스럽다	속상하다
	괘씸하다	밉다
	걱정스럽다	근심스럽다
	혼란스럽다	어지럽다, 무질서하다
	의심스럽다	미심쩍다
	난처하다	어렵다
	서먹하다	낯설다
	허탈하다	허무하다
	원망하다	미워하다
	후회스럽다	잘못을 알다
	짜증스럽다	화가 난다
긍정적 감정	흡족하다	기쁘다
	희열을 느끼다	기쁨을 느끼다
	감격스럽다	감동하다, 감사하다
	기대에 들뜨다	바람대로 될듯하다
	가슴이 먹먹하다	금방이라도 눈물이 날 듯하다
	가슴이 홀가분하다	가볍고 편안하다
	격려하다	용기가 나도록 하다
	위로하다	달래다
	안도하다	잘 되어 마음을 놓다
	담담하다	차분하고 평안하다

※ [1~8] 다음을 읽고 물음에 답하십시오. (각 2점)

> 민지
>
> 학교에 가면 있을 거야, 하고 생각한다. 오전 9시 수업이 국제관 4층 405호였지. 오후 아르바이트를 끝내고 가야 한다. 그런데 오늘따라 장날이다. 손님이 왜 이렇게 많은 거야.
>
> "민지 씨, 손님에게 인사 좀 똑바로 해요."
>
> 사장님이었다. 평소에는 나에게 뭐라고 하지 않는데, 손님이 많아서 그런가… 잔소리를 한다. "네, 알겠습니다!" 나는 사장님을 향해 활짝 웃으며 큰 소리로 말한다.
>
> 23번 벨 소리가 났다. 나는 23번 테이블에 부리나케 가서 테이블 크기에 맞춰 앉으면서 묻는다.
>
> "반갑습니다. 고객님, 주문을 어떻게 도와드릴까요?"
>
> "식물성 버거 세트 2개 주세요. 음료는… 콜라로 주세요."
>
> ……(중략)
>
> 아르바이트가 끝나자마자 전철을 타고 학교로 다시 왔다. 바보 계단을 훌쩍 뛰어 넘어 4층까지 뛰어 올라갔다.
>
> 405호 수업용 컴퓨터의 모니터 덮개를 열었는데…내 32GB 유에스비는 없었다.
>
> <u>아, 안 되는데, 유에스비가 없으면 안 되는데.</u>
>
> 나는 어디로 가야할지, 무엇을 해야 할지, 그 시간 동안 멍하니 있을 뿐이었다.

1. 밑줄 친 부분에 나타난 '나'의 심정으로 가장 알맞은 것을 고르십시오.

    ① 서운하다   ② 불안하다

2. 윗글의 내용으로 알 수 있는 것을 고르십시오.

    ① 민지는 학교 식당에서 아르바이트를 한다.

    ② 민지는 국제관 405호에서 9시에 수업이 있다.

"어머니, 조금 더 주무시지 왜 이렇게 빨리 일어나셨어요?"

"오늘 같은 날 빨리 일어나야지, 어느 날 빨리 일어나?"

어머니는 비가 추적추적 내리는 날씬데도 3시 30분에 일어나 짐을 다시 확인하고 있었다. 금강산으로 향하는 버스를 타려면 6시 반에 나가야 한다는 것을 말해 드려도 막을 수가 없었다. (중략)

금강산 행 버스를 타니, 대부분 머리카락에 눈이 내리고 얼굴이 쭈굴쭈굴한 사람들뿐이다. 그런데 이상하지? 모두들, 어디서 에너지를 얻었는지, 눈은 고3 학생보다 초롱초롱하다. 무엇인가를 간절히 바라는 눈 말이다.

금강산 호텔에 여장을 풀고 상봉장으로 들어서니, 여기저기서 방송국 카메라가 우리를 비추고 있었다. 이 사람들 뭐하나? 이산가족 상봉은 예능 프로그램이 아닌데, 왜 여기서 찍고 있나 하고 살짝 화가 올라오려는데.

우리 앞에 와 앉아 있던 투박한 모자 쓴 노인네가 일어나는 게 아닌가.

"자네가 성녀인가?" "네, 여보, 살아 있었군요."

"얘가 당신 아들이에요."

그 순간 나는 70평생 아버지가 안 계신 줄 알았는데, 나도 나이를 먹었다면 먹었는데, 그 순간 눈물이 왈칵 쏟아졌다. "아버지…"

3. 밑줄 친 부분에 나타난 '어머니'의 심정으로 가장 알맞은 것을 고르십시오.

① 기대에 들뜨다   ② 가슴이 홀가분하다

4. 윗글의 내용으로 알 수 있는 것을 고르십시오.

① 나는 어머니를 모시고 금강산 상봉장으로 갔다.

② 어머니는 6시 일어나서 천천히 짐을 확인하였다.

학생들의 발표가 모두 끝났다. 한 학기가 끝난 것이다. 이제 성적을 매기면 끝이다. 그런데, 학생들에게 미리 말한 조건대로 점수를 주면 그만이련만 그렇게 되지 않았다. 교수와 학생 사이는 두부를 자르듯 잘라지는 관계가 아니다. 학생이 잘못하면 그게 바로 교수 자신이 잘못 지도했기 때문에 그런 거라고 자책하게 된다. 나만 그런가?

"교수님, 오늘 맥주 어떠신가요? 종강파티 해야죠?"

과대표인 미경이가 묻는다.

"그래, 어디로 갈지 이따가 문자로 남겨줘요."

학과의 행정 업무를 대강 처리하고 종강파티를 향해 갔다. 1차에 잠깐 참석하여 맥주 한잔 하다가 참가비 10만 원을 대표에게 얼른 주고 나올 심산이었다.

그때였다. 복학생인 인철이가 조금 취했나 보다. 나를 보더니 뭐라고 한다. 그냥 주정이려니 했는데 조금 더 심해진다. "교수님 때문에 제가 안 됐잖아요."

힘든 점이 있어나? 이럴 때는 핑계 대고 도망치는 게 상수다.

5. 밑줄 친 부분에 나타난 '교수'의 심정으로 가장 알맞은 것을 고르십시오.

① 담담하다　　　　　　　　　② 황당하다

6. 윗글의 내용으로 알 수 있는 것을 고르십시오.

① 교수는 학생들을 잘못 지도하여 스스로 미안해하고 있다.

② 복학생이 술에 취하여 주정을 부리며 교수에게 농담하고 있다.

30여 년 전이다. 대학교 입학하니 무슨 '모임'이 그렇게 많았다. 대면식, 학과 신입생환영회, 1, 2학년 엠티, 전 학년 엠티, 향우회, 동문회, 심지어는 비 오는 날 모이는 동아리 우주회까지 많이도 모여서 먹고 이야기하고 웃고 울었다.

내가 성미를 만난 건 동문회에서였다. 내가 다닌 고등학교는 남자 학교였는데, 대학교에 오니 우리 고등학교 맞은 편에 있던 여자 학교와 같이 동문회를 하였다.

첫 번째 동문회였다. 술이 들어가니 노래가 빠질쏘냐. '성미'는 동물원의 '거리에서'를 구슬피 불렀다. 뭐랄까, 나는 정신없는 새내기였지만 그 노래에서 서글픔을 느꼈다. 해가 지는 황혼 녘에 느끼는 그 아련함이라고나 할까.

나는 "만날 순 없어도 잊지는 말아요 당신을 사랑했어요"를 답가로 불러주었다.

그 이후, 우리는 동문회에는 나가지 않고 둘이 따로 만났다. 몇 번인가 만나고 몇 번인가 싸우고, 용기 내어 손을 잡았다가, 그리고......(중략)

얼마 전에 치통이 심해져서 동네 치과에 들렀는데, 옷에 새겨진 의사 선생 이름이 낯설지 않았다. 나는 '아'하고 외마디 소리를 삼켰다. 성미였다. 그러나 나는 짐짓 모르는 체하고 입을 벌려 내 아픈 이만 보여주었다.

나오면서 "성미야, 잘 지냈어?"라고 인사라도 하려다가 그만 두었다. 지나간 것은 그대로 두는 게 맞는 것 같았다.

7. 밑줄 친 부분에 나타난 '나'의 심정으로 가장 알맞은 것을 고르십시오.

① 혼란스럽다   ② 실망스럽다

8. 윗글의 내용으로 알 수 있는 것을 고르십시오.

① 나는 두 번째 동문회에서 첫 사랑을 만났다.

② 성미는 나하고 비밀스럽게 만나서 교제했다.

※ [1~6] 다음을 읽고 물음에 답하십시오. (각 2점)

> 몸이 이상해서 병원에 갔다. 여느 때처럼, 남편은 새벽에 직장에 출근한 상태였다. 간호사가 왜 병원에 왔는지 꼬치꼬치 묻는다. 몸이 계속 피곤하고 신경이 예민해져서 왔다고 했다. 혹시 무슨 약 먹고 있냐고 해서, 약은 안 먹는다고 했다.
>
> "축하드립니다. 임신입니다." 의사는 말했다. "선생님, 뭐라고요? 임신이라고요?" 나도 모르게 눈물이 솟구쳤다. 결혼한 지 7년 만에 들려온 소식이었다. 남편과 나는 아기 갖는 것에 대해서 자포자기하고 있었다.
>
> 남편은 오늘따라 야근이라며 미안하다고 이따가 맥주하고 신선한 광어회를 사 간다고 연락이 왔다. 그렇게 하라고 말했다. 나는 임신에 대해 아무 말도 하지 않았다.
>
> 12시를 치고 30분이 지났을 때였다. 남편은 생각보다 술을 안 마신 듯했다. 부하직원 이야기만 들어주다가 들어왔다고 너스레를 떤다. 뭐, 기분 좋았나보다.
>
> "여보, 나, 임신이래.", "뭐라고?" 남편은 갑자기 말을 멈추고 가만히 있었다. 그리고 부들부들 떨더니, "왜 얘기 안했어? 내가 그럼 만사 제치고 일찍 들어오지." <u>그이의 눈이 잠시 떨리기 시작하면서 눈에 눈물이 맺히기 시작했다.</u>

1. 밑줄 친 부분에 나타난 '남편'의 심정으로 가장 알맞은 것을 고르십시오.

   ① 감격스럽다   ② 혼란스럽다

   ③ 실망스럽다   ④ 의심스럽다

2. 윗글의 내용으로 알 수 있는 것을 고르십시오.

    ① 남편은 휴가인데 친구들과 술 마시러 나갔다.

    ② 결혼한 지 일곱 달만에 아기가 생겨서 기뻤다.

    ③ 병원에서 간호사가 나에게 아무것도 묻지 않았다.

    ④ 남편은 회사 직원들과 이야기를 하다가 밤늦게 들어왔다.

    선생님이 책을 읽어오라고 하셨다. 〈커서 뭐 하고 싶어?〉라는 책이었다. 아빠하고 같이 도서관에 갔다. 우리 동네 도서관은 학교 옆에 있어서 가기가 쉬웠다.

    "뭐, 이런 책을 읽어오라고 하셨니? 이제 초등학교 1학년인데."

    아빠는 이렇게 말씀하셨지만 검색 컴퓨터에 앉아서 책 제목을 검색하셨다.

    책이 있었다. 809.8인가 책 번호가 그랬다. 책장에서 책들의 번호를 아빠하고 이리저리 보다가 책을 찾았다.

    책에서는 그림이 많고 여러 직업의 사람들이 이야기를 하고 있었다. 나는 그 사람들의 말을 조용히 듣기 시작했다. 한 30분쯤 지났을까, 아빠는 그 사이에 사람들하고 문자로 이야기를 하는 것 같았다. 그리고 5분에 한 번씩 나갔다가 들어오고 나갔다가 들어오기를 반복하였다.

    아빠는 대학교 선생님인데, <u>한 학생이 숙제를 이해하지 못해서 질문하는데 말해 주어도 계속 이해를 못하는 것 같다는 것이다.</u>

    나는 생각했다. '안 되겠다. 아빠가 편하게 전화할 수 있도록 책을 빌려서 집에서 보는 것이 좋겠다.'

    "아빠, 이 책 재미있어서 빌려가서 볼래. 그래도 괜찮아?"

    "그럼, 괜찮지. 책 줘 봐."

    도서관 이용증을 내밀며 책을 빌렸다.

3. 밑줄 친 부분에 나타난 '아빠'의 심정으로 가장 알맞은 것을 고르십시오.

① 불안하다   ② 답답하다   ③ 서운하다   ④ 억울하다

4. 윗글의 내용으로 알 수 있는 것을 고르십시오.

① 나는 엄마하고 같이 도서관에 갔다.

② 우리 동네 도서관은 공원 옆에 있다.

③ 책은 글자가 많고 노래로 되어 있었다.

④ 나는 아빠를 위해서 책을 집으로 가지고 왔다.

"아이고, 우리 초코 어디 있나?"

아버지는 집에 오자마자 초코를 찾았다. 그때, 약속이라도 한 것처럼, 초코가 살랑살랑 꼬리를 열심히 흔들면서 아버지 앞에서 '멍멍' 짖는다. 아버지는 가방을 내려 놓고 초코를 꼭 안더니 볼을 격렬하게 만져준다.

"내가 얘 때문에 산다니까"

사실, 아버지는 반려동물을 싫어하셨다. 반려견은 더더구나 적극 반대였다.

내가 아버지에게 친구가 강아지를 준다고, 그래서 키우고 싶다고 말할 때마다, 아빠는 목소리와 얼굴빛이 달라지며 무서운 소리를 내시곤 하셨다.

"지원이가 강아지를 데리고 오고, 모든 시중을 든다니까 당신은 허락만 해줘요." 엄마의 이 말은 아버지의 마음을 누그러트렸다.

강아지를 데려오고 이름을 '초코'로 짓고 벌써 두 달이 지났다. (중략)

아버지는 회사에서 퇴직당하시고 나서 재취업을 알아보기 위해 학원이며 복지센터 등을 부지런히 다니셨다.

아버지가 변한 것은 이때부터였다. 처음에는 초코를 본체만체하더니 어느 날부터 집에 오자마자 "초코야, 초코야"하는 것이었다. 초코는 그 소리를 듣고 달려 나와 반갑게 아버지를 맞이했다. 아버지는 그때부터 초코와 좋은 친구가 되었다.

5. 밑줄 친 부분에 나타난 '아버지'의 심정으로 가장 알맞은 것을 고르십시오.

① 격려하다   ② 위로하다   ③ 원망하다   ④ 흡족하다

6. 윗글의 내용으로 알 수 있는 것을 고르십시오.

① 화자의 이름이 초코이다.

② 아버지는 맨처음부터 초코를 사랑했다.

③ 아버지는 재취업 준비를 하면서 달라졌다.

④ 엄마는 강아지보다 고양이를 더 좋아했다.

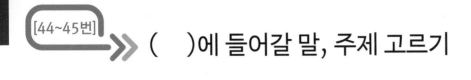

[44~45번] ( )에 들어갈 말, 주제 고르기

① 사전 수업

🔍 이것을 기억하세요!

[44~45] 1. ( )에 들어갈 말은 ( )의 앞뒤 문장을 확인하세요.

2. 주제는 '하지만', '그러나', '그런데'가 있는 문장과 마지막 문장을 확인하세요.

※ [44~45] 다음을 읽고 물음에 답하십시오. (각 2점)

> 성대하고 까다로운 제사 준비 탓에 유교 예법을 비판하는 사람들이 많다. 하지만 현재 우리가 지키고 있는 예법은 (   ) 잘못된 예법이 전해져 온 것이다. 유교 전문가들은 제사든 차례든 조상을 공경하는 마음과 자손들의 화목이 중요하다고 말한다. 선조들은 제사를 드릴 때 좋은 음식을 많이 준비하는 것보다 그 음식을 준비하는 마음과 정성을 중시했던 것이다. 유서 깊은 집안에서는 이러한 제사의 본질을 그대로 이해하여 상차림은 간소하게 하되 집안 사람들이 모두 모여 함께 제사를 드리는 경우가 많다. 형식보다 정성이 중요하다는 유교의 가르침을 지키고 있는 것이다.

44. 윗글의 주제로 가장 알맞은 것을 고르십시오.

　① 조상을 모시는 제사상 차림은 점차 간소화되고 있다.
　② 유교 문화는 후손들에 의해 유동적으로 변화되고 있다.
　③ 명절에 제사를 드리는 전통은 예법에 맞게 유지되고 있다.
　④ 유교 예법에서 중요한 것은 정성을 다해 예를 갖추는 것이다.

45. (   )에 들어갈 내용으로 가장 알맞은 것을 고르십시오.

　① 상차림이 간소화된
　② 후손들의 바람이 반영된
　③ 유교의 본뜻을 살리지 못한
　④ 현실에 맞게 축소되지 않은

먼저, 옆 단락글의 형식을 알아보겠습니다.

사람들의 생각	(타인의) 비판 문장	성대하고 까다로운 제사 준비 탓에 유교 예법을 비판하는 사람들이 많다.
글쓴이의 반박	(글쓴이의) 반박 문장	하지만 현재 우리가 지키고 있는 예법은 유교의 본뜻을 살리지 못한 잘못된 예법이 전해져 온 것이다.
	근거1 - 유교 전문가	유교 전문가들은 제사든 차례든 조상을 공경하는 마음과 자손들의 화목이 중요하다고 말한다.

글쓴이의 반박	근거1에 대한 해석	선조들은 제사를 드릴 때 좋은 음식을 많이 준비하는 것보다 그 음식을 준비하는 마음과 정성을 중시했던 것이다.
	근거2 - 유서 깊은 집안	유서 깊은 집안에서는 이러한 제사의 본질을 그대로 이해하여 상차림은 간소하게 하되 집안 사람들이 모두 모여 함께 제사를 드리는 경우가 많다.
	근거2에 대한 해석 결론 문장	형식보다 정성이 중요하다는 유교의 가르침을 지키고 있는 것이다.

이 유형은 일반적으로 타인의 비판 – 글쓴이의 반박으로 되어 있습니다. 따라서 글쓴이의 반박이 중요합니다. 글쓴이의 주장은 '하지만', '그러나' 다음 문장과 마지막 문장에 나타납니다.

또한 (   )도 타인의 비판에 있느냐 글쓴이의 반박에 있느냐에 따라 내용이 완전히 달라집니다.

44번은 윗글의 주제를 고르는 문제이지요. 그럼, 어느 문장을 찾아야 할까요?

'하지만' 문장과 '마지막 문장'이지요.
"하지만 현재 우리가 지키고 있는 예법은 유교의 본뜻을 살리지 못한 잘못된 예법이 전해져 온 것이다."와 "형식보다 정성이 중요하다는 유교의 가르침을 지키고 있는 것이다."입니다. 그러면 답은 여기에 있는 어휘가 나와야 합니다.
그러니까 답은 "④ 유교 예법에서 중요한 것은 정성을 다해 예를 갖추는 것이다."입니다.

45번은 어떻게 할까요? 유교의 원래 뜻, '본뜻이 잘못되었다'가 나와야 하겠지요?
그러니까 답은 "③ 유교의 본뜻을 살리지 못한"이겠지요.

※ [1~8] 다음을 읽고 물음에 답하십시오. (각 2점)

> 성공하기 위해서는 의지력을 길러야 한다고 주장하는 사람들이 많이 있다. 그러나 의지력 기르기는 대다수 사람들이 (   ) 잘못된 생각이다. 행정 전문가들은 개인적으로 의지력을 기르려고 애쓰기보다 환경을 바꾸는 것이 더 좋다고 한다. 그래야 성공에 이르는 실행에 옮길 수 있다는 것이다. 대학교 입시에 실패해 재수하는 학생들도 혼자서 공부하는 것보다는 강제로 공부할 수 있는 학원에 다닐 때 더 좋은 대학교에 입학하는 것이 작년 통계로 입증되고 있다. 따라서 무엇을 진정으로 하고 싶다면 환경을 바꾸는 지혜를 동원하는 것이 좋겠다.

1. (   )에 들어갈 말로 가장 알맞은 것을 고르십시오.

① 열심히 하는   ② 실행하기 불가능한

2. 윗글의 주제로 가장 알맞은 것을 고르십시오.

① 성공의 열쇠는 의지력을 기르는 것뿐이다.

② 환경을 바꾸어야 하고 싶은 일을 할 수 있다.

회사에서 선배들의 말이 자기 시대의 경험에만 빠져 있어서 듣지 않으려고 하는 후배들이 많다. 물론, 선배들의 말이 과장되거나 편견에 사로잡혀서 구사될 때가 있다. 그러나 선배들의 말이 전적으로 오류가 있거나 (   )은 아니다. 예를 들어서, 한국의 기업들은 대표자가 가족으로 이어져 있는 경우가 많은데, 앞선 대표자들이 후배 대표자에게 전해준 말과 행동 규칙을 고스란히 전해 받은 경우가 다반사다. 이것은 선배들의 말이 기업을 운영하는 데 소중하다는 증거이다. 따라서 선배들의 말을 무턱대고 무시하기보다는 그 말 속에 들어 있는 온전한 원칙을 발견해 자기자신에게 적용한다면 성공적인 사회생활을 할 수 있을 것이다.

3. (   )에 들어갈 말로 가장 알맞은 것을 고르십시오.

　　① 기분이 좋은 것　　　　　　　　② 의미가 없는 것

4. 윗글의 주제로 가장 알맞은 것을 고르십시오.

　　① 선배들의 말을 들으면 사회생활에서 성공할 수 있다.

　　② 과장되고 편견이 있는 선배들의 말은 들을 필요가 없다.

지구의 생명은 (   )고 많은 사람들이 주장한다. 하지만 이러한 관점은 과학적이라기보다는 종교적이다. 과학적인 관점에서 볼 때, 약 46억여 년 전 생명은 우연히 자기 스스로를 복제 가능하도록 생성되었다. 유전자나 화석과 같은 증거로서 생식 가능하며 지속적으로 존재할 수 있는 생명의 탄생을 알 수 있다. 또한 여러 과학 실험들을 통하여 원시 지구의 상태에서 무기물질이 유기 분자로 변화해 생명이 탄생했음을 증명했다. 이렇듯 지구의 생명은 자기 복제가 가능한 생명으로 변화해 본격적인 진화과정으로 들어섰다.

5. (   )에 들어갈 말로 가장 알맞은 것을 고르십시오.

   ① 신이 창조해서 존재하게 되었다

   ② 오랜 시간에 걸쳐 스스로 나타났다

6. 윗글의 주제로 가장 알맞은 것을 고르십시오.

   ① 종교적인 관점에서 지구의 생명을 주장하되 이성적으로 따져본다.

   ② 지구의 생명은 유기물질이 나타나 자기 복제를 할 수 있게 되었다.

행복하다는 것은 무엇인가. 육체적인 건강과 심리적인 안정이라고 말하는 사람들이 있다. 그러나 이러한 행복의 특성은 (   )을 간과한 개인에게만 집중한 편협한 것이라고 말할 수 있다. 한 전문가는 인간이 행복하려면 좋아하는 사람과 식사를 하는 것이라고 주장했다. 인간은 사회적인 존재로서 맛있는 음식을 먹으면서 친밀한 관계를 구축한 사람과 공통의 주제를 가지고 대화하면 행복하다는 것이다. 연예인들이 음식 재료를 같이 준비하고 만들고 맛있게 먹는 텔레비전 프로그램이 증가하는 것도 같은 이유로 보인다. 사람들과 같이 식사하면 행복해질 수 있다는 것이다.

7. (   )에 들어갈 말로 가장 알맞은 것을 고르십시오.

   ① 인간의 사회적인 면   ② 인간의 심리적인 면

8. 윗글의 주제로 가장 알맞은 것을 고르십시오.

   ① 행복하려면 사람들과 음식을 맛있게 먹으면 된다.
   ② 행복이라는 것은 개인의 심리적인 측면이 강하다.

※ [1~6] 다음을 읽고 물음에 답하십시오. (각 2점)

> 보편적 복지는 정부가 모든 국민에게 동일한 혜택을 제공한다. 복지의 대상이 전국민이라는 입장에서 정책을 입안했기 때문이다. (   ) 모든 학생들에게 제공되는 무상급식이나 무상교육이 보편적 복지의 전형적인 예이다. 그러나 보편적 복지가 불필요한 사람까지도 그 대상으로 해서 정책 시행의 효율성이 떨어진다는 비판이 있다. 이런 측면에서 사람들을 '선별'하여 복지 정책을 시행하자고 한다. 그러나 이렇게 하면 '선별'하는 데에 상당한 비용이 들어갈 뿐만 아니라 복지를 필요로 하는 사람들에게 복지 혜택을 줄 수 없다. 따라서 보편적 복지로서 누구나 동일한 혜택을 주도록 하는 것이 좋다.

1. (   )에 들어갈 말로 가장 알맞은 것을 고르십시오.

    ① 부모의 소득을 따져서

    ② 부모의 소득과 관계없이

    ③ 재산이 얼마나 있는지 확인하여

    ④ 여행을 얼마나 자주 했는지를 확인하여

2. 윗글의 주제로 가장 알맞은 것을 고르십시오.

    ① 복지의 대상은 전국민으로 해야 한다.

    ② 무상급식과 무상교육을 확대해야 한다.

    ③ 선별적 복지는 상당한 비용이 들어갈 수 있다.

    ④ 보편적 복지로 누구에게나 혜택을 주도록 한다.

학벌이 좋고 학점, 어학 점수 등의 스펙이 높아야 취직에 유리하다고 많은 사람들이 생각한다. 그러나 최근 기업은 (   ) 유능한 인재를 찾기 위해 블라인드 채용을 하는 추세이다. 다시 말해, 이름, 채용지원서에 이메일 주소, 희망 부서만 적게 할 뿐 학교, 학점, 어학 점수는 기입하지 못하게 한다. 이렇게 하는 이유는 기업에서는 문제해결 역량, 타인과의 소통 능력, 자립하는 능력을 더 중요하게 생각하기 때문이다. 실제로 국내외 대기업들에서는 위와 같은 능력을 측정하지 과거의 성적과 학벌에는 눈길을 주지 않는 것으로 알려졌다. 블라인드 채용이 전 기업으로 확대되어 미래 능력을 가진 인재가 채용되었으면 한다.

3. (   )에 들어갈 말로 가장 알맞은 것을 고르십시오.

① 학벌과 스펙으로 찾을 수 없는

② 학벌과 스펙으로 찾을 수 있는

③ 자립하는 능력을 기를 수 있는

④ 성적과 학벌에 눈길을 주지 않는

4. 윗글의 주제로 가장 알맞은 것을 고르십시오.

① 취업하려면 학벌과 스펙 관리를 잘 해야 한다.

② 블라인드 채용을 하여 인재가 능력을 발휘해야 한다.

③ 문제해결 능력과 타인과의 소통 능력을 길러야 한다.

④ 채용지원서에 과거의 능력과 미래의 능력을 골고루 기입해야 한다.

대통령 중심제는 민주주의 국가에서 대통령이 강력한 권한을 행사함으로써 자칫 잘못하면 독재 정치로 가기 쉽다고 비판하는 사람들이 있다. 그러나 대통령의 강력한 권한 행사는 (   )을/를 동반하기 때문에 국가 발전의 측면에서 효율적이라고 볼 수 있다. 그 대표적인 예가 한국이다. 한국은 목표가 설정되면 그 목표를 이루기 위한 정책을 신속하게 추진해 왔다. 물론, 정책이 잘못된 결과를 가져왔다면 그것을 고치는 것도 신속한 결정으로 알 수 있는데 그 결정권자는 대통령이었다. 따라서 대통령제는 대통령이 강하게 그리고 신속하게 정책을 실천하여 그 효율성을 극대화했다고 보아야 할 것이다.

5. (   )에 들어갈 말로 가장 알맞은 것을 고르십시오.

　① 느린 정책 결정

　② 정책의 신속한 수행

　③ 신속한 아파트 경기

　④ 독재 정치로 가는 것

6. 윗글의 주제로 가장 알맞은 것을 고르십시오.

　① 대통령제는 독재 정치로 갈 뿐이다.

　② 대통령은 신속하게 권한을 수행해야 한다.

　③ 정책을 수행하기 전에 반드시 목표를 설정해야 한다.

　④ 대통령은 강력하고도 신속하게 정책을 효율적으로 실행해야 한다.

필자의 태도, 같은 내용 고르기

① 사전 수업

🔍 이것을 기억하세요!

[46~47] 신문 칼럼이 나옵니다. 보통, 시사, 경제 분야가 많이 출제됩니다.

1. 제시글의 **첫 문장과 마지막 문장**을 읽고 무슨 내용인지 확인하세요.

2. 46번의 필자의 태도 문제는 **선택지에 나오는 긍정, 부정, 비판, 찬양의 표현을 미리 익히세요.**

3. 47번은 **중요 단어, 중요 명사를 중심으로 제시글을 확인**하세요.

공개되었던 주제를 확인해 봅니다.

회수	주제
83	과학기술의 발전 방향
64	새로운 시장형태
60	우주 쓰레기 수거
52	경제 분야에서의 보수와 진보 개념
47	국토교통부의 신산업 분야 투자 결정
41	야구공이 휘어들어가는 이유
37	통계청의 '삶의 질 지표' 발표
36	화재 시 대피공간으로 사용되는 건물 내 화장실
35	두 회사의 합병과 변동

제시글은 대부분 설명문입니다. 중심문장이 앞에 나오고 그 다음에는 구체적으로 설명하는 문장들이 나옵니다. 그러나 83회 제시글은 주장글이 나왔습니다.

		중심문장	뒷받침문장(구체적인 설명 순서)
83회		과학 기술이 유의미하게 발전하기 위해서는 과학 전문가들이 정책 수립을 주도하고 전문 기업이 그 정책의 수행을 담당할 수 있게 해야 한다.	이유(전제) → 결론
64회		1인 미디어 시대가 되면서 개인 방송을 이용한 새로운 시장 형태가 등장해 주목받고 있다.	특징 → 대표적인 방식 → 과정 → 장점 → 현재 → 미래 예상
60회		중심문장이 없음	작살과 같은 도구 → 문제 발견 → 접착력 있는 도구 → 문제 발견 → 접착력이 있는 도구 개발 성공
52회		보수과 진보의 개념은 정치뿐만 아니라 경제 분야에서도 사용된다.	보수 → 진보 → 보수와 진보의 관계
47회		무인 소형 비행기 '드론'의 대중화에 대한 우려의 목소리에도 불구하고, 국토교통부는 최근 드론을 활용하는 신산업 분야에 투자하기로 결정하였다.	이유 → 구체적인 설명 → 장점 → 단점 → 결론
41회		우리는 야구 만화를 볼 때 공이 상하좌우로 강하게 휘어 들어가는 장면에서 감탄하게 된다. 이건 단지 만화라서 가능한 일일까? 아니다.	이유 → 구체적인 설명
37회		국민들의 실질적인 '삶의 질' 수준을 보여주는 측정 체계를 구축하여 발표하였다.	구체적인 설명 → 예측
36회		화재 시 건물 내 화장실을 대피 공간으로 활용하기 위한 여러 가지 기술이 국내 연구진에 의해 개발되었다.	구체적인 설명
35회		만년 2위를 면하지 못하던 포털 사이트 '둠'과 모바일 서비스 시장의 떠오르는 샛별 '코코'가 합병을 결정하면서 IT 업계의 지각 변동이 예고된다.	구체적인 설명 → 장점

위에서 보듯이 대부분 중심문장을 제시하고 뒷받침문장들에서는 중심문장의 내용이 무엇인지 구체적으로 설명하고 있습니다. 특별히, 뒷받침문장들에서는 점차적으로 구체적인 내용이 등장한다는 사실을 기억하시면 좋겠습니다. 과정, 이유, 장단점, 현재, 미래 예측 등이 등장하기 때문에 이러한 순서가 나온다는 사실을 알고 계시면 문제에 쉽게 접근할 수 있습니다.

🔍 문제 풀이 방법을 보세요. 83회 문제입니다.

※ [46~47] 다음을 읽고 물음에 답하십시오. (각 2점)

> 세계는 신에너지, 자동화, 우주여행 등이 주도하는 시대로 급속히 접어들고 있다. 세계 각국은 풍력, 태양광 등 재생 가능한 에너지를 개발하는 회사에 대한 정부 보조금을 늘리고 있고 그에 따라 대체 에너지의 사용 비율도 점차 증가하고 있다. 민간 우주 산업 육성을 위해 인공위성 주파수 사용과 우주선 발사 등에 대한 대대적인 규제 완화를 한 국가도 있다. 그 덕분에 한 민간 기업은 화성 여행이 가능한 호텔급 우주여행선을 제작할 수 있었다. 민간 기업이 과학 기술 개발을 주도하며 성장할 수 있게 된 것은 정부가 지원을 확대하면서도 간섭을 최소화했기 때문이다. 이처럼 과학 기술이 유의미하게 발전하기 위해서는 과학 전문가들이 정책 수립을 주도하고 전문 기업이 그 정책의 수행을 담당할 수 있게 해야 한다. 이때 정부는 모든 과정에 지원은 하되 과도하게 관여하는 일은 없어야 할 것이다.

46. 글에 나타난 필자의 태도로 가장 알맞은 것을 고르십시오.

① 과학 정책에 대한 정부의 지나친 개입을 경계하고 있다.
② 과학 기술 발전을 위해서는 연구가 중요함을 강조하고 있다.
③ 과학 기술 발전이 경제 성장에 미치는 영향력에 감탄하고 있다.
④ 과학 정책 수립 시 우주 과학이 소홀히 다루어질 것을 우려하고 있다.

47. 윗글의 내용과 같은 것을 고르십시오.

① 많은 국가들이 신에너지 개발에 대한 투자를 줄이고 있다.
② 과학 정책이 빠르게 변해서 과학 기술이 발전할 수 있었다.
③ 정부가 우주 산업에 대한 규제를 풀어 성장한 민간 기업이 있다.
④ 우주 개발에 참여 중인 민간 기업이 화성에 호텔을 건설하고 있다.

46번을 보겠습니다. 필자의 태도를 묻고 있는 문제입니다.
필자의 태도란 어떠한 사실에 대해서 글쓴이가 생각하고 느끼는 것을 말합니다.

먼저, 지금까지 나왔던 필자의 태도에 대한 어휘를 확인해 보겠습니다.

기출문제 태도 표현	의미
(변화에 대해) 예상하고 있다	예측하다, 미리 알리다
(긍정적 영향을) 기대하고 있다	바라다, 원하다
(중요함을) 강조하고 있다	강하게 말하다
(부정적 결과를) 우려하고 있다	걱정하다
(긍정적 측면을) 인정하고 있다	그렇다고 보다
(부정적 영향을) 비판하고 있다	잘못되었다고 하다
(문제점을) 지적하고 있다	가리키다, 꼬집다
(긍정적으로) 평가하고 있다	보다
(강하게) 옹호하고 있다	두둔하다
(강력히) 요구하고 있다	부탁하다
(현상을, 개입을) 경계하고 있다	삼가다, 경고하다
(노력에 대해, 중요함을) 감탄하고 있다	대단하다고 표현하다
(해결에 대해) 회의적이다	의심하다, 불신하다
(어려움에 대해) 공감하고 있다	같이 느끼다
(사람들을) 동정하고 있다	가엾게 느끼다
(긍정적인 측면을) 인정하고 있다	그렇다고 보다
(문제점을) 염려한다	걱정하다, 우려하다
(혼란을) 걱정한다	염려하다
(현실에 대해) 고민한다	괴로워하다
(상황을) 가정하고 있다, 예측하고 있다	임시로 인정하다
(방법을) 제안하고 있다	의견을 내놓다
(불가능함을) 주장하고 있다	의견을 강하게 말하다
(부작용에 대해) 염려하고 있다	걱정하다

83회 46번 문제의 선택지를 다시 학인해 보겠습니다.

① 과학 정책에 대한 정부의 지나친 개입을 경계하고 있다.
② 과학 기술 발전을 위해서는 연구가 중요함을 강조하고 있다.
③ 과학 기술 발전이 경제 성장에 미치는 영향력에 감탄하고 있다.
④ 과학 정책 수립 시 우주 과학이 소홀히 다루어질 것을 우려하고 있다.

중심문장을 위의 선택지와 비교해 보는 방법이 있습니다.

"이처럼 과학 기술이 유의미하게 발전하기 위해서는 과학 전문가들이 정책 수립을 주도하고 전문 기업이 그 정책의 수행을 담당할 수 있게 해야 한다. 이때 정부는 모든 과정에 지원은 하되 과도하게 관여하는 일은 없어야 할 것이다."

위의 주장은 과학 기술의 발전은 과학 전문가들이 정책을 만들고 전문 기업이 그 정책을 수행해야 한다는 말입니다. 정부는 지원, 곧 도움을 주지만 관여, 다시 말해, 개입을 하지 말라는 말입니다.

따라서 답은 ①입니다.

47번은 선택지에서 같은 내용을 고르는 문제입니다.

선택지에서 중요한 단어를 가지고 문제 글을 확인해 보면 쉽게 할 수 있습니다.

① '신에너지 개발', '투자를 줄이고 있다'
② '과학 정책 빠르게 변화', '과학 기술 발전'
③ '정부가 규제를 풀다', '민간 기업이 성장하다'
④ '민간 기업', '화성에 호텔 건설'

①은 문제 글에서 '정부 보조금을 늘리고 있다'고 했으니까 다릅니다.
②는 과학 정책이 빠르게 변화했다는 말이 없으니 다릅니다.
③은 '규제 완화'해서 민간 우주 산업 육성을 한다니까 맞습니다.
④는 화성에 호텔을 건설한 것이 아니라 화성 여행을 할 수 있는 우주여행선을 제작한다는 말이니까 틀립니다.

따라서 답은 ③입니다.

※ [1~8] 다음을 읽고 물음에 답하십시오. (각 2점)

> 두 명의 인지과학자가 언어는 우연이 쌓이면서 만들어졌다는 주장을 해 주목받고 있다. 다시 말해, 인간이 의도한 언어의 독창성이 오랜 세월 동안 축적되어 만들어졌다는 것이다. 인간은 수백만 년 동안 몸짓, 눈짓, 손짓과 같은 제스처를 통해서 언어를 만들어왔으며 언어는 하나의 유기체처럼 진화를 거듭하면서 지금에 이르렀다. 인간이 생존을 위해 언어를 진화시킨 것이 아니라 언어가 살아남기 위해 인간에게 적합한 형태로 진화하고 있다. 물론, 이에 반해서 인간이 자신의 생존을 위해서 언어를 진화시켰다고 주장하는 학자들도 있다. 그러나 두 과학자는 인간의 진화로 언어가 만들어진 것이 아니라 우연히 만들어진 언어가 스스로 진화하고 있다고 강하게 반박한다.

1. 윗글에 나타난 필자의 태도로 가장 알맞은 것을 고르십시오.

   ① 언어의 우연한 생성과 진화를 비판하고 있다.

   ② 언어의 기원과 진화에 대한 논의를 기대하고 있다.

2. 윗글의 내용과 같은 것을 고르십시오.

   ① 언어는 인간들이 자신들의 필요에 의해 만들고 있다.

   ② 인간의 언어는 우연이 축적되어 지금까지 진화 발전해 왔다.

법제처는 압도적인 찬성으로 국회를 통과한 '만 나이 통일법'이 공포됐다고 밝혔다. '만 나이 통일'은 연 나이, 만 나이 등 여러 가지 나이 계산법의 혼용으로 발생하는 사회적·행정적 혼선과 분쟁을 해소하기 위해 추진됐다. '만 나이'를 계산하려면 올해 생일이 지나지 않았다면 이번 연도에서 출생 연도를 뺀 후 1을 한번 더 빼고, 생일이 지났다면 이번 연도에서 출생 연도만 빼면 된다. 즉, '만 나이 통일법'이 시행되면 생일이 지나지 않았으면 2세, 생일이 지났으면 1세가 어려진다. 단, 1세가 되지 않은 경우에는 개월 수로 나이를 표시한다. 법제처는 앞으로 나이 기준과 관련된 불필요한 법적 다툼이 해소될 것으로 전망했다. 하지만 전통적인 나이 계산법도 문제만 있었던 것이 아니다. 아기가 태어났을 때 한 살로 이해한 것은 생명의 연속성을 부모로부터 가져왔다고 생각했기 대문이다.

3. 윗글에 나타난 필자의 태도로 가장 알맞은 것을 고르십시오.

① 나이에 대한 다툼이 사라질 것을 강조하고 있다.

② 나이 통일법에 대해 전통적인 나이 계산법을 옹호하고 있다.

4. 윗글의 내용과 같은 것을 고르십시오.

① '만 나이 통일'은 선진국의 기준에 맞추기 위해 제정된 것이다.

② '만 나이 통일법'을 시행하면 필요하지 않은 싸움에서 벗어날 것이다.

최근 날씨 예보에 미세먼지 농도가 함께 제공되고 있다. 미세먼지가 흡연 여부·경험, 나이에 이어 폐암을 촉발하는 세 번째 주요 요인이라는 연구 결과가 나왔다. 영국 연구진은 미세먼지, 특히 초미세먼지가 폐암을 유발하는 유전자의 스위치를 켜, 폐암 진행을 촉진한다는 연구 결과를 국제학술지에 발표했다. 연구진은 우리나라를 포함해 대만, 영국, 캐나다 등 4개국의 대기오염 실태를 조사하고, 이곳에 거주하는 폐암 환자 3만 3,000여 명의 의료 정보를 수집했다. 우리나라의 경우 2015~2017년 전국 16개 지역의 미세먼지 정보를 얻었고, 여러 병원으로부터 2017~2018년에 폐암을 진단받은 환자들의 정보를 확보했다. 분석 결과, 초미세먼지 농도와 노출이 증가할수록 유전자 돌연변이에 의한 폐암 발생률이 높아지는 것으로 확인됐다. 정부는 이번 결과를 바탕으로 초미세먼지를 막을 수 있는 방안을 내 놓아야 한다.

5. 윗글에 나타난 필자의 태도로 가장 알맞은 것을 고르십시오.

① 정부는 초미세먼지 방지를 위한 방법을 간구하라고 주장하고 있다.

② 영국 연구진은 우리나라에 초미세먼지로 인한 폐암 발생률 상승을 우려하고 있다.

6. 윗글의 내용과 같은 것을 고르십시오.

① 미세먼지는 폐암을 유발하는 주요 원인 중 하나이다.

② 2015~2017년에 서울 지역의 미세먼지 정보를 분석했다.

사회적 대화 기구인 경제사회노동위원회(경사노위)를 재편해야 한다는 목소리가 높아지고 있다. 대한노총과 민국노총이 근로자 대표를 독점하는 구조를 바꿔 다른 노조도 인정해야 한다는 것이다. 특히, 이참에 MZ세대와 비정규직 노조를 경사노위에 참여시켜야 한다는 주장도 나온다. 경사노위가 본래의 의도대로 움직이기 위해서는 양대 노총이 독점하는 구조를 바꾸어야 한다. 그 이유는 전체 임금근로자 중 양대 노총에 속한 비율은 14%에 불과하기 때문이다. 반면 MZ세대와 비정규직 근로자 숫자는 지속적으로 증가하고 있다. 대기업·공기업 정규직에 속하는 양대 노총이 비정규직 근로자들을 대변하는 데는 한계가 있다. 이것이 경사노위에 MZ세대와 비정규직 노조를 참여시켜야 하는 이유다.

7. 윗글에 나타난 필자의 태도로 가장 알맞은 것을 고르십시오.

① 경사노위는 대한노총과 민국노총을 중심으로 움직여야 한다고 요구하고 있다.

② 경사노위는 양대 노총이 독점하는 구조를 바꾸고 비정규직 노조를 참여해야 한다고 요구하고 있다.

8. 윗글의 내용과 같은 것을 고르십시오.

① 대한노총과 민국노총이 경사노위에 참여해야 한다.

② 비정규직 노조가 경사노위에 새롭게 참여해야 한다.

※ [1~6] 다음을 읽고 물음에 답하십시오. (각 2점)

> 사람이 걷기 시작할 때 뇌는 다리 움직임을 제어하는 척추 부위에 위치한 신경세포에 명령을 보내게 된다. 그런데 사고나 질병에 의해서 척추관 안에 있는 신경 계통인 척수가 손상되면 뇌와 척수 사이의 통신이 중단된다. 그렇게 되면 뇌와 신체 사이 신경 전달이 이루어지지 않게 된다. 이 때문에 걷거나 운동하는 것이 매우 힘들어지거나 불가능해지며 운동 신경이나 감각 등에 마비가 초래된다. 구체적으로 손상 정도에 따라서 완전 사지 마비나 하지 마비, 그리고 불완전 척수 손상 등으로 이어질 수 있다. 이러한 문제를 해결할 수 있는 방법이 학계에 제출되었다. 국제 연구팀은 최근 뇌와 척수 사이의 통신을 복원할 수 있는 뇌-척수 인터페이스를 개발하였다. 연구팀은 이 장치가 팔과 다리가 마비된 사람이 자연스럽게 일어서고 걸을 수 있도록 도움을 줄 수 있다고 밝혔다. 이 장치를 활용하여 뇌-척수 장애인과 환자들에게 실제적인 치료가 있었으면 한다.

1. 윗글에 나타난 필자의 태도로 가장 알맞은 것을 고르십시오.

    ① 사고나 질병에 의한 척수 손상의 고통을 염려하고 있다.

    ② 손상이 사지 마비, 하지 마비 등 나쁜 결과에 이를 것을 예측하고 있다.

    ③ 뇌-척수 인터페이스 개발이 장기적 과제로 채택되었음을 축하하고 있다.

    ④ 인터페이스 장치로 뇌-척수 장애인들에게 도움을 줄 수 있음을 기대하고 있다.

2. 윗글의 내용과 같은 것을 고르십시오.

    ① 사람이 걸을 때 척추에 있는 신경세포가 뇌에 명령한다.

    ② 사고로 척수가 다치게 되면 뇌와 척수 사이의 통신이 멈춘다.

    ③ 신경 전달이 안 된다고 해서 운동이 불가능해지는 것은 아니다.

    ④ 뇌와 척수 사이의 통신을 복원할 수 있는 장치는 아직 개발되지 않았다.

신한국그룹의 '선전포고'로 유통업계의 멤버십 경쟁이 뜨겁게 달아오르고 있다. 신한국그룹은 '신한국 유니버스 페스티벌'을 열고 오랫동안 준비해온 멤버십 정책을 공개했다. 즉 '신한국 유니버스'에는 오닷컴, K마켓, 오마트, 신한국백화점·면세점, 우리커피 등 6개 계열사가 참여한다. 이 멤버십의 특징은 온·오프라인 채널에서 통합으로 사용할 수 있다는 것이다. 신한국백화점에 방문하면 패션 및 잡화를 구매할 때 연간 25만원 한도로 5% 할인 혜택도 부여받는다. 오닷컴·K마켓 등 신한국이 보유한 온라인 쇼핑몰에서도 5% 할인쿠폰을 제공하는 등 다양한 혜택을 부여한다. 신한국은 연회비 3만 원으로 최대 200만 원까지 혜택을 받을 수 있다고 밝혔다. 유통업계의 고객 확보 전쟁은 온·오프라인을 넘나들고 있다. K팡은 이미 유료 멤버십 'K팡 파이팅'를 통해 1,100만 명의 회원을 확보했다. 여기에 신한국그룹이 온·오프라인 통합으로 승부수를 던진 것이다. 소비자 입장에서는 기업 간의 경쟁이 이득으로 돌아오지만 지나친 경쟁은 회사에 치명적일 수도 있다는 점을 알아야 한다.

3. 윗글에 나타난 필자의 태도로 가장 알맞은 것을 고르십시오.

① 신한국그룹이 공개한 멤버십 정책에 대해 감탄하고 있다.

② 이 멤버십이 여러 채널을 통합하여 사용할 수 있음을 강조하고 있다.

③ 지나친 고객 확보 경쟁은 회사에 치명적일 수 있음을 경계하고 있다.

④ 미래의 고객 확보 전쟁은 온, 오프라인을 넘나들어 해야 한다고 주장하고 있다.

4. 윗글의 내용과 같은 것을 고르십시오.

① 멤버십 경쟁은 뜨거웠다가 차가웠다가 한다.

② 신한국 유니버스에는 다섯 개의 개열사가 포함된다.

③ 이 멤버십은 온라인과 오프라인 모두 사용할 수 있다.

④ K팡의 K팡 파이팅은 1,500만명의 회원을 목표로 하고 있다.

인주플러스가 국내 엘리베이터 시장 점유율 1위인 연주엘리베이터와 인공지능(AI) 기반 승객 안전보호시스템 '보여줘'를 출시했다. 일반적으로 아파트 등에서 이용하는 엘리베이터가 멈추면 승객이 노란색 등으로 표기된 비상통화 버튼을 눌러 구조를 요청하거나 휴대전화로 119에 전화해야 한다. 하지만 긴박한 재난 상황이나 범죄 상황에서는 신속한 대응이 어려울 뿐만 아니라 상황이 제대로 고객센터에 전달되지 않을 수도 있다. 이러한 문제점을 개선하기 위해 위급한 상항 발생시, AI가 스스로 판단해 고객센터에 통보해 주도록 하였다. 이 시스템은 엘리베이터 내에 있는 AI 기반 CCTV가 탑승객의 비명소리나 이상 동작 등의 음성 및 영상 데이터를 스스로 감지 및 판단하고, AI가 위급 상황으로 인식하면 연주엘리베이터 고객센터에 승강기의 위치와 영상을 전송하게 하였다. 갈수록 엘리베이터 사고가 증가하는 만큼 장치가 이에 대한 해결책으로 자리잡았으면 한다.

5. 윗글에 나타난 필자의 태도로 가장 알맞은 것을 고르십시오.

① 엘리베이터 사고를 해결할 수 있는 장치로 기대하고 있다.

② 재난이나 범죄가 발생하면 해결할 수 없음을 비판하고 있다.

③ 문제가 발생하면 고객센터에서 신속하게 반응할 것을 요구하고 있다.

④ 비명소리나 이상 동작이 발생하면 고객센터에서 판단할 것을 제안하고 있다.

6. 윗글의 내용과 같은 것을 고르십시오.

① 인주플러스에서만 인공지능 기반 승객 보호시스템을 출시했다.

② 대개 엘리베이터가 멈추면 비상통화 버튼을 눌러 도움을 청한다.

③ 엘리베이터에 갇히게 되면 반드시 휴대전화로 112에 전화해야 한다.

④ 엘리베이터 안에서 범죄 상황이 벌어지면 AI는 스스로 범인과 대화한다.

[48~50번] »

목적, (   )에 들어갈 말,
같은 내용 고르기

① 사전 수업

🔍 이것을 기억하세요!

> [48~50] 1. 제시문의 글 구조를 미리 연습하세요. 일반적으로 이 제시문은 **일반
> (사람들)의 생각 + 그러나(하지만, 그런데) + 다른 의견**입니다. 머릿 속에 이
> 글 구조를 가지고 가세요.
>
> 2. **선택지의 어휘들**을 모두 익히세요.

※ [48~50] 다음을 읽고 물음에 답하십시오. (각 2점)

> 많은 사람들은 결혼, 수입 등의 객관적 조건이 행복을 결정하는 요인이라고 생각한다. 그러나 이런 요인들로는 행복의 이유를 10% 정도밖에 설명할 수 없다고 한다. 그렇다면 행복을 결정하는 요인은 무엇일까? 그것은 행복에 대해 가지는 믿음과 태도이다. 행복에 대한 태도는 행복의 유한성과 무한성 중 어느 한쪽을 선택함으로써 결정된다. 이 세상에 존재하는 행복의 (   ) 믿는 사람들은 항상 타인이 행복한 정도를 예의 주시하는 특징이 관찰되었다. 남이 행복하면 내 행복이 줄어든다고 생각하는 사람에게는 타인의 행복이 자신의 행복에 위협적인 요소가 되기 때문이다. 반면 행복의 무한성을 믿는 사람들은 타인의 행복에 그다지 관심을 가지지 않는다. 따라서 행복하려면 행복이 무한한 것이라는 믿음을 가질 필요가 있다. 이러한 생각만으로도 행복감은 증대될 수 있으며 자신이 어떻게 할 때 행복해지는지에 집중할 수 있게 되기 때문이다.

48. 윗글을 쓴 목적으로 가장 알맞은 것을 고르십시오.
   ① 행복의 사회적 특성을 파악하려고
   ② 행복을 측정하는 방법을 소개하려고
   ③ 행복에 대한 관점의 변화를 유도하려고
   ④ 행복이 인간에게 미치는 영향을 분석하려고

49. (   )에 들어갈 말로 가장 알맞은 것을 고르십시오.
   ① 개인차가 크지 않다고   ② 총량이 정해져 있다고
   ③ 양상이 매우 다양하다고   ④ 크기가 계속 증가한다고

50. 윗글의 내용과 같은 것을 고르십시오.
   ① 행복에 대한 사람들의 태도는 대체로 유사하다.
   ② 행복은 결혼 여부나 수입 정도의 영향을 많이 받는다.
   ③ 행복의 양이 유한하다고 믿는 사람들은 더 많이 행복할 수 있다.
   ④ 행복이 무한하다고 믿는 사람들은 자신을 남과 잘 비교하지 않는다.

먼저, 48번에 나오는 목적을 말하는 서술어부터 확인해 보겠습니다. 이 서술어 다음에 '-기 위해(서), -(으)려고' 등이 붙습니다.

서술어	의미
(특성을) 파악하다	잘 알다, 확실하게 이해하다
(변화를) 유도하다	목적한 방향으로 오게 하다
(경각심을) 촉구하다	급하게 요구하다
(대책 마련을) 요구하다	해 달라고 하다
(해결 방안을) 요청하다	해 달라고 하다
(방안을) 제시하다	보이도록 하다
(사례를) 알려주다	알게 하다
(현상을) 설명하다	잘 알 수 있게 말하다
(시기를) 제안하다	의견으로 말하다
(정책을) 지지하다	찬성하다
고발하다	잘못을 알리다
(필요함을) 주장하다	의견을 말하다
(영향을) 분석하다	자세히 나누어 말하다
(방법을) 소개하다	알도록 말하다
(문제를) 제기하다	문제를 내어놓다
(필요성을) 역설하다	강하게 말하다
(혼란을) 경고하다	강하게 주의를 주다
(문제점을) 지적하다	집어서 가리키다
(의의를) 강조하다	강하게 말하다

48번 문제는 필자가 윗글을 무슨 목적을 위해서 썼느냐를 묻습니다.

윗글을 쓴 목적은 첫 문장, 마지막 문장 또는 '그러나, 하지만, 반면(에)' 다음에 위치한 중심문장을 통해서 확인할 수 있습니다. 이 단락 글의 중심문장은 '따라서'라는 말이 있는 문장 다음입니다. 보겠습니다.

"따라서 행복하려면 행복이 무한한 것이라는 믿음을 가질 필요가 있다."

이 문장을 쉽게 다시 말하면, 결론적으로 행복하기 위해서는 행복이 끝이 없을 것이라고 믿어야 한다는 말입니다. 이 문장을 통해서 우리는 필자가 이 글을 쓴 목적을 알 수 있습니다. 믿음을 가지지 않을 게 아니라 가지라는 말입니다.

따라서 답은 ③입니다. '관점의 변화를 유도하다'라는 말을 통해 알 수 있습니다.

49번을 보겠습니다.

(   )에 들어갈 말로 가장 알맞은 것을 찾기 위해서는 (   ) **다음에 나오는 문장을 확인**해야 합니다. "남의 행복하면 내 행복이 줄어든다"는 말 속에서 행복의 양이 정해져 있다는 것을 알 수 있습니다.

따라서 답은 ②입니다. 여기서 '총량'이라는 말은 '모든 양'이라는 말입니다.

50번을 보겠습니다.

윗글과 내용이 같은 것을 고르는 문제인데요. 이 문제를 풀기 위해서는 **선택지의 핵심어를 확인**하고 문제 글과 비교해 보는 방법이 가장 좋습니다. 핵심어를 보겠습니다.

① 행복, 사람들의 태도, 유사하다
② 행복, 결혼, 수입에 영향을 받는다
③ 행복의 양 유한하다, 행복하다
④ 행복이 무한하다, 남과 잘 비교하지 않는다

① '유사하다'가 비슷하다는 말입니다. 비슷한가요? 아닙니다. 행복에 대한 믿음과 태도가 유한성과 무한성을 선택한다고 합니다. 따라서 다릅니다.

② 결혼, 수입에 행복을 결정하나요? 첫 문장에서 사람들의 생각을 말하고 두 번째 문장에서 '그러나'라고 해서 아니라고 합니다. 따라서 다릅니다.

③ 행복의 양이 유한하면 행복한가요? "남이 행복하면 내 행복이 줄어든다고 생각하는 사람에게는 타인의 행복이 자신의 행복에 위협적인 요소가 된다"고 합니다. 행복하지 않고 불행합니다.

④ '반면'에서 나오는 문장을 봅니다. **'반면'은 '그러나, 하지만'이라는 뜻**입니다. "반면 행복의 무한성을 믿는 사람들은 타인의 행복에 그다지 관심을 가지지 않는다"고 했습니다. '관심을 가지지 않는다'는 말은 '비교하지 않는다'는 말입니다.

따라서 답은 ④입니다.

※ [1~12] 다음을 읽고 물음에 답하십시오. (각 2점)

'노키즈존(No Kids Zone)'이 확산되고 있다. '노키즈존'은 영유아 및 어린이 손님을 받지 않는 곳을 말한다. 외국 출항 항공사들이나 일부 국가의 박물관과 도서관에서 어린이들을 출입할 수 없게 하는 경우가 있다. 이렇게 되면 어린이들이 만들어 내는 소음이 없어서 성인들은 조용히 일을 볼 수 있을 것이다. 그러나 '노키즈존'이 축소되도록 사회적 논의를 시작하는 것이 맞다. 만약에 공공장소에서 어린이 출입을 제한한다면 어린이를 차별하는 일이 되며 궁극적으로 육아에 불편을 끼쳐 저출산에 영향을 줄 수 있다. 혹시 아이가 버릇없게 굴거나 소리를 지르는 문제로 아이를 공공장소에 들어갈 수 없게 한다면 그만큼 대안을 논의하면 될 일이다. 어린이를 포함한 가족이 (   ) 하거나 부모에게 어린이의 행동에 대한 책임을 질 수 있도록 규제를 설정하면 될 것이다.

1. 윗글을 쓴 목적으로 가장 알맞은 것을 고르십시오.

　　① 노키즈존의 확산을 촉구하기 위해서

　　② 노키즈존의 비확산을 주장하기 위해서

2. (　　　)에 들어갈 말로 가장 알맞은 것을 고르십시오.

　　① 박물관에서 마스크를 쓰게

　　② 공공장소 예절교육을 수료케

3. 윗글의 내용과 같은 것을 고르십시오.

　　① 공공장소에 어린이를 못 가게 한다면 차별하는 것이다.

　　② 아이들은 보통 공공장소에서 버릇없게 굴거나 소리를 지른다.

이제 곧 '블라인드 채용'이 공공부문부터 의무화될 예정이다. 다시 말해, 취업준비생들은 학벌과 스펙 위주의 채용 관행으로 취직할 수 있는 것이 아니라 인성·직무능력 중심으로 채용이 될 것이다. 이러한 채용 변화는 취업 시에 사람을 학벌이나 스펙으로 보지 않고 능력으로만 평가한다는 점에서 상당히 고무적인 일이다. 그러나 공공부문과 기업체에서 보자면 인성·직무능력을 포함해 사회적 의사소통이 가능한 사람을 뽑아야 하는 것이 아닐까 한다. 상사와의 의사소통은 말할 것도 없고 외근했을 때 타기업 사람들과도 온전히 의사소통이 되어야 기업에 이익이 생기기 때문이다. 또한 사회적인 윤리성을 지닌 사람이어야 기업체에서 근무할 때 문제가 생기지 않을 것이다. (   )든가 불법적인 사이트에 자주 접속한다든가 하면 그것도 문제가 될 수 있다. 따라서 온전한 의사소통을 할 수 있고 올바른 윤리성을 지닌 사람이 인성·직무능력을 지닐 때에 블라인드 채용의 온전한 취지를 달성했다고 할 수 있다.

4. 윗글을 쓴 목적으로 가장 알맞은 것을 고르십시오.

① '블라인드 채용'을 조속히 실시할 것을 촉구하고 있다.

② '블라인드 채용'에서 의사소통과 윤리성의 기준을 제안하고 있다.

5. (   )에 들어갈 말로 가장 알맞은 것을 고르십시오.

① 몰래카메라를 설치한다

② 회사에 늦게 출근한다

6. 윗글의 내용과 같은 것을 고르십시오.

① 취업을 하려면 학벌과 스펙 중심으로 준비해야 한다.

② 의사소통을 할 수 있고 윤리성을 지닌 사람을 채용해야 한다.

현대의 특징 중 하나는 디지털 사용의 증가라고 할 수 있다. 기왕에 있었던 인터넷 뱅킹이나 스마트폰을 사용한 인터넷 쇼핑, 버스 탑승 시 현금 대신에 카드 사용, 음식점이나 극장에서의 키오스크 사용 등이 디지털 사용의 그러한 예이다. 이러한 상업의 디지털화는 현대 사회에 편리함을 선사하는 데 이바지하였다고 할 수 있다. 그런데 이러한 디지털 사용이 모든 사람에게 무조건 편리함을 주는 것은 아니다. 노인 세대들은 디지털 기기의 상용화가 상당한 압박감과 불편함으로 다가온다. 예전에는 음식점에 가서 종업원에게 원하는 음식을 주문하면 되었다. 하지만 요즈음은 화면이 있는 키오스크에 음식을 선택하여 누르면서 돈까지 계산해야 한다. 젊은이들이 게임을 하듯이 툭툭 치면 나오는 화면이 이들에게는 (   )? 따라서 각 동네마다 있는 복지센터에서는 노인들의 '디지털 격차'를 줄이기 위해서 게임을 하듯이 디지털 기기를 연습할 수 있는 기회를 주어야 한다.

7. 윗글을 쓴 목적으로 가장 알맞은 것을 고르십시오.

① 모든 세대에게 디지털 사용의 편리함을 설명하기 위해서

② 노인들의 디지털 격차를 줄이기 위한 방안을 제안하기 위해서

8. (   )에 들어갈 말로 가장 알맞은 것을 고르십시오.

① 왜 이렇게 재미있고 좋은가

② 왜 이렇게 불편하고 힘든가

9. 윗글의 내용과 같은 것을 고르십시오.

① 디지털 기기 사용이 모든 사람에게 편리한 것은 아니다.

② 복지센터에서는 어린이들의 '디지털 격차'를 줄이기 위해 프로그램이 있다.

동물실험은 인간의 건강과 질환을 위한 약품 등을 개발하거나 약품의 약효 확인을 위해서 실시되는 실험이다. 암이나 에이즈(AIDS) 등의 불치병을 극복하기 위해서 동물실험은 필수적이다. 이러한 실험 덕분에 인류는 장수를 누릴 수 있게 되었으며 병에 걸려도 특별한 노력 없이 건강한 몸을 되찾게 되었다. 그러나 이러한 실험은 인간과 동물이 같은 생명이 있다는 사실을 잊게 한다. 동물도 인간과 마찬가지로 살아갈 권리가 있다. 인간들은 반려견이나 변려묘 등과 같은 반려 동물과 지내는 경우가 많다. 반려인은 그 동물들에게 (   )을 쉽게 알 수 있을 것이다. 반려 동물들과 지내다 보면 인간과 마찬가지로 반려 동물들이 감정과 지식이 있음을 알게 된다. 그러면 인류의 불치병 치료를 위한 새로운 방법이라도 있느냐고 물을 것이다. 현대 과학은 대단한 것이어서 동물들을 동원하는 실험 대신에 대체 가능한 실험 방법들도 많다. 따라서 인간을 위한 의약품을 만들 때 동원되는 동물 실험은 애초에 선택지에서 삭제하고 과학적인 실험을 실시해야 한다.

10. 윗글을 쓴 목적으로 가장 알맞은 것을 고르십시오.

① 반려 동물에게도 감정과 지식이 있음을 소개하기 위해서

② 동물 실험을 실시하지 말아야 하는 근거를 주장하기 위해서

11. (   )에 들어갈 말로 가장 알맞은 것을 고르십시오.

① 느낌과 생각이 있음

② 본능과 능력이 있음

12. 윗글의 내용과 같은 것을 고르십시오.

① 동물 실험은 동물의 건강과 질환을 위한 약품을 개발하기 위해서 시행된다.

② 동물 실험은 처음부터 선택지에서 빼버리고 다른 방법을 찾아서 병에 대한 약품을 개발해야 한다.

※ [1~9] 다음을 읽고 물음에 답하십시오. (각 2점)

경제 불황이 닥쳤을 때 이를 타개하기 위한 방법으로 분수 효과가 있다. 분수 효과는 불황을 극복하려면 민간소비를 증대시켜야 한다는 주장이다. 이 주장에 따르면 정부가 서민들에게 세금 인하를 해줌으로써 민간 소비가 가능해진다는 것이다. 물론, 정부는 해당되는 서민에게 직접 지원도 함께 하기 때문에 민간 소비는 증가하며 이는 곧 생산 투자로 이어져 (   )는 것이다. 그러나 분수 효과 입안자들은 서민만이 민간 소비를 활성화할 것이라는 낙관적인 생각을 전제로 하고 있을 뿐이다. 서민들은 지원받은 돈으로 국내 소비를 안 하는 경우도 있으며 세금 인하된 만큼 일을 안 하는 경우도 있다. 자칫 잘못하면 이들이 지원받는 돈에 갇혀 삶을 살게 될지도 모른다. 결국 이러한 정책을 실시함으로써 서민층에게 나태함이라는 원하지 않는 자질을 주게 될지도 모르는 것이다. 경제 정책 입안자들은 분수 효과의 긍정적인 면을 그 부작용과 함께 심사숙고하기 바란다.

1. 윗글을 쓴 목적으로 가장 알맞은 것을 고르십시오.

① 민간 소비가 가져올 혼란을 경고하기 위해서

② 경제 불황을 타개하는 방법을 설명하기 위해서

③ 서민들의 나태한 태도가 큰 문제라고 지적하기 위해서

④ 분수 효과를 선택할 때 신중한 사고를 요청하기 위해서

2. (   )에 들어갈 말로 가장 알맞은 것을 고르십시오.

① 긍정적인 면을 찾을 수 있다　　② 경제 불황을 탈출할 수 있다

③ 정부가 세금 인하할 수 있다　　④ 민간 소비를 증가시킬 수 있다

3. 윗글의 내용과 같은 것을 고르십시오.

① 분수 효과는 불황을 극복하기 위해서 수출을 증대해야 한다는 주장이다.

② 분수 효과를 이루려면 정부가 세금 인하를 해 소비할 수 있게 해야 한다.

③ 분수 효과를 입안한 전문가들은 비관적인 생각을 전제로 하여 시작하였다.

④ 분수 효과는 부자와 서민들에게 나태함이라는 자질을 줄 수 있으므로 주의한다.

최저임금 결정을 할 시기가 다가오면 노동자와 사용자(노사)가 힘겨루기를 한다. 최근에는 최저임금을 결정하는 것보다 최저임금 차등 적용을 둘러싼 논쟁이 반복되고 있다. 다시 말해, 업종, 지역, 연령에 따라 노동자의 최저임금을 차등 적용해야 한다는 것이다. 최저임금 차등 적용은 일견 합리적으로 보인다. 노동자의 업무 상황이 다른 만큼 노동자 각각에 맞게 임금을 지급해야 하기 때문이다. 그러나 최저임금법 1조를 상기해 보면 이러한 주장은 (   ). 최저임금법 1조에서는 최저임금의 목적을 임금 격차 해소와 소득분배 개선이라고 한다. 그런데 최저임금 차등 적용이 실시된다면 임금 격차 해소는 말할 것도 없고 고령, 여성, 청년 등 노동시장의 약자들이 피해를 받게 될 것이 확실하다. 또한 노조 사업장이나 비정규직 노동자들처럼 교섭력도 없는 노동자들이 직접적인 피해를 볼 것이 뻔하다. 이러한 최저임금제의 본래 취지를 고려하여 합리적인 해결책을 모색해야 한다.

---

4. 윗글을 쓴 목적으로 가장 알맞은 것을 고르십시오.

① 최저임금 차등 적용의 필요함을 강조하고 있다.

② 업종, 지역, 연령에 맞는 임금 체계를 제시하고 있다.

③ 최저임금제의 본래 의도에 맞는 해결책을 갖도록 요구하고 있다.

④ 고령, 여성, 청년에게만 합리적인 임금을 줄 수 있도록 분석하고 있다.

5. (   )에 들어갈 말로 가장 알맞은 것을 고르십시오.

① 시행해야 한다

② 재고해야 한다

③ 약자들에게 도움이 된다

④ 임금 격차에 도움이 된다

6. 윗글의 내용과 같은 것을 고르십시오.

① 최저임금 차등 적용보다 최저임금 결정에 대한 논쟁이 반복되고 있다.

② 최저임금 차등 적용은 업종, 지역, 연령에 따라 최저임금을 다르게 하자는 것이다.

③ 최저임금이 차등 적용이 된다고 해도 노동 약자들이 피해를 볼 것이라는 확실한 근거는 없다.

④ 최저임금법 1조에서는 임금 격차를 인정하고 있으므로 최저임금 차등 적용은 합리적인 것이다.

주지하듯이 심장은 혈액 순환을 위한 펌프 역할을 한다. 심장이 제 역할을 하면 신체의 건강을 확보할 수 있지만 심장이 제 기능을 하지 못하면 몸에 충분한 피를 보내지 못해 피로감, 호흡 곤란 등이 생긴다. 이러한 상태가 지속되고 치료 시기를 놓치게 되면 갑자기 사망할 수도 있다. 그런데 이와 같은 상태를 유지하는 습관들이 있다. 술, 담배를 즐기거나 육류와 같은 음식을 과식하거나 짠 음식을 유독 좋아하는 경우가 그렇다. 그렇다면 어떻게 해야 할까? 당연히 이러한 습관들과 싸워야 하는 것이다. 짠 음식을 즐기는 경우를 예로 들어보자. 짠 음식에 들어있는 염분은 몸속에서 수분을 필요로 한다. 몸속에서 늘어난 수분 때문에 심장은 더 많이 펌프질을 해야 한다. 예를 들어보자. 라면 한 그릇에 (   ) 있다. 그런데 이 라면 국물을 다 먹고 김치까지 먹어 염분을 섭취할 수 있다. 당연히, 심장은 더 많은 일을 하지만 혈액 순환에 성공할 수 없을지도 모른다. 따라서 심장이 제 역할을 할 수 있도록 염분이 많은 음식을 피하고 싱겁게 먹어야 한다.

7. 윗글을 쓴 목적으로 가장 알맞은 것을 고르십시오.

① 염분이 수분을 필요로 함을 역설하기 위해서

② 심장 질환 예방 홍보 시기를 제안하기 위해서

③ 정부에 심장 질환 대책 마련을 촉구하기 위해서

④ 심장 질환을 일으키는 습관과의 투쟁을 주장하기 위해서

8. (   )에 들어갈 말로 가장 알맞은 것을 고르십시오.

① 적당한 염분이 들어

② 상당한 염분이 들어

③ 필요한 염분이 포함되어

④ 맛있는 염분이 포함되어

9. 윗글의 내용과 같은 것을 고르십시오.

① 심장은 혈액 순환을 할 수 있도록 펌프와 같은 기능을 한다.

② 심장이 자기 역할을 하지 못한다면 잠, 빈혈 등과 같은 병증이 생긴다.

③ 혈액 순환이 잘 안되는 이유는 담배를 즐기고 채소와 고기를 먹기 때문이다.

④ 심장이 제 기능을 할 수 있도록 물을 많이 마시고 라면도 충분히 즐겨야 한다.

실전 고사 1회

※ [1~2] (   )에 들어갈 말로 가장 알맞은 것을 고르십시오. (각 2점)

1. 나는 집에 (   ) 커피를 만들어 마셨다.

    ① 가도   ② 단다면

    ③ 가더라도   ④ 가자마자

2. 쓰기 과제를 (   ) 어머니가 생각나서 어머니께 전화를 드렸다.

    ① 하거든   ② 하도록

    ③ 하다가   ④ 할수록

※ [3~4] 밑줄 친 부분과 의미가 가장 비슷한 것을 고르십시오. (각 2점)

3. 지금부터 시험공부를 해 봐야 내일 시험에 도움이 안 될 것 같다.

    ① 하는 대로   ② 하는 바람에

    ③ 한다고 해도   ④ 한다고 치고

4. 한국어 신문 읽기가 난해하므로 친구에게 그 의미가 무엇인지 묻기로 했다.

    ① 난해하기는커녕   ② 난해할지언정

    ③ 날해할까마는   ④ 난해하니만큼

※ [5~8] 다음은 무엇에 대한 글인지 고르십시오. (각 2점)

5.
깔끔하고 담백한 맛! 시원합니다.
고기는 일등급으로만 준비했습니다.

① 식당　　　② 가게　　　③ 은행　　　④ 병원

6.
미래를 준비하세요.
입이 트여야 진짜 영어입니다.

① 마트　　　② 서점　　　③ 학원　　　④ 치과

7.
심플하면서도 세련된 디자인입니다.
최대 삼일 동안 배터리가 부족함이 없습니다.

① 여행 소개　　　　　　② 상품 안내

③ 재료 안내　　　　　　④ 판매 장소

8.
임신 말기에는 진통이 올 수 있으므로 여행을 피하는 것이 좋습니다.
안전벨트는 태아에게 생명 벨트입니다. 꼭 착용해 주시기 바랍니다.

① 병원 안내　　　　　　② 병원 등록

③ 주의 사항　　　　　　④ 접수 방법

※ [9~12] 다음 글 또는 그래프의 내용과 같은 것을 고르십시오. (각 2점)

9.

① 감사 음악회는 이틀 동안 열린다.

② 출연은 초청 가수 없이 진행된다.

③ 표는 자리에 따라 가격이 다르다.

④ 오케스트라는 바이올린과만 협연한다.

10.

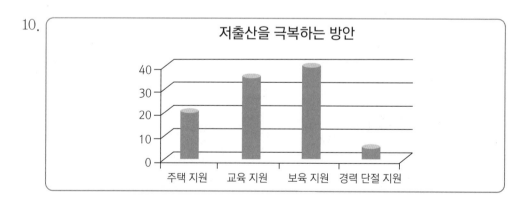

① 보육 지원에 비해 교육 지원의 비율이 높다.

② 저출산 극복 방안으로서 주택 지원이 가장 높은 비율이다.

③ 보육 지원이 전체의 반을 넘고 있어 시급한 과제로 떠올랐다.

④ 경력이 단절된 부모를 지원하는 항목의 비율이 두 번째로 높다.

11.

> 7년 만에 재출시되는 '사랑 도시락'은 결식 아동들에 대한 특별한 배려가 있었다. 결식 아동들에게는 반값으로 구매할 수 있게 한 것이 그것이다. 뿐만 아니라 '사랑 도시락'은 다른 도시락보다 저렴하지만 푸짐한 구성으로 입소문을 타고 있다.

① '사랑 도시락'에 대한 소문이 별로 좋지 않아 아쉽다.

② '사랑 도시락'은 비싸지 않을 뿐만 아니라 양도 풍부하다.

③ '사랑 도시락'은 결식아동들에게 50% 더 푸짐하게 제공된다.

④ 이 도시락은 보통 아동들에 대한 특별한 배려로 재출시되었다.

12.

> 똑똑한 인공지능이 화제 만발이다. 이 인공지능은 수십 억 개의 문서를 익혔기 때문에 천재처럼 대답을 한다. 봄을 주제로 한 시를 써 달라고 하면 그럴 듯한 시를 써 주고 추리 소설을 써 달라고 하면 그에 맞추어 써 준다. 앞으로의 시대는 인공 지능의 시대이다. 이러한 시대는 편리해진다는 장점이 있는 반면에 인간이 할 일이 없어질 수 있다는 단점도 있다.

① 인공지능이 환영을 받고 있지 못하다.

② 인공지능은 수많은 문서를 익혔기에 천재처럼 되었다.

③ 인공지능은 특별히 시와 소설을 잘 만들어 낸다고 한다.

④ 인공지능은 인간의 직업을 빼앗고 불편하다는 단점이 있다.

※ [13~15] 다음을 순서에 맞게 배열한 것을 고르십시오. (각 2점)

13.

> (가) 재택근무를 통해 업무의 효율과 분위기가 모두 좋아졌다.
> (나) 집에서 근무하는 재택근무가 성과 면에서 긍정적으로 평가되고 있다.
> (다) 또한 업무가 매뉴얼로 만들어졌고 업무 진행 상황도 공유하게 되었다.
> (라) 직원들 사이에서는 재택근무를 하면서 오히려 업무체계가 더 잘 잡혀
> 신기하다는 반응이다.

① (가)-(다)-(나)-(라)　　　　② (나)-(라)-(다)-(가)

③ (다)-(가)-(나)-(라)　　　　④ (라)-(나)-(가)-(다)

14.

> (가) 이 마음과 타협하지 않도록 다른 방법도 생각해야 한다.
> (나) 충동구매를 하지 않도록 구매 계획을 분명히 세워야 한다.
> (다) 그런데 좋은 상품을 보면 사고 싶은 마음이 생기는 것은 당연하다.
> (라) 구매 계획을 세웠다면 다른 품목은 사지 않겠다는 결심도 필요하다.

① (나)-(라)-(다)-(가)　　　　② (나)-(가)-(라)-(다)

③ (라)-(가)-(나)-(다)　　　　④ (라)-(가)-(다)-(나)

15.

> (가) 이 형제는 서로 금덩이를 양보하려고 하였다.
> (나) 우애 있는 형제는 서로를 챙기면서 행복하게 살았다.
> (다) 그래서 이 형제는 금덩이를 힘들어 하는 이웃에게 주었다.
> (라) 어느 날, 형제는 금덩이를 주웠고 부자가 되었다고 기뻐했다.

① (나)-(가)-(라)-(다)　　　　② (나)-(라)-(가)-(다)

③ (라)-(가)-(다)-(나)　　　　④ (라)-(다)-(가)-(나)

※ [16~18] ( )에 들어갈 말로 가장 알맞은 것을 고르십시오. (각 2점)

16.

> 입냄새를 제거하고 싶으면 미온수를 마시는 게 해답이다. 35도 이상 42도 미만의 물을 미온수라고 하는데 ( ). 입 냄새의 주원인은 설태라고 알려져 있는데 미온수로 입안을 헹구거나 양치질하면 설태의 성분인 음식물 찌꺼기와 세균을 제거할 수 있다. 커피 등을 마신 후에 미온수로 가볍게 헹구면 입 냄새를 줄이고 치아착색도 예방할 수 있어 일석이조이다.

① 널리 알려져 있다   ② 입냄새의 원인이 된다

③ 누구나 마시고 있다   ④ 냄새 제거에 탁월하다

17.

> 4월 1일을 누구나 거짓말로 속일 수 있는 만우절이라고 한다. 이 날 스파게티 나무가 발견되었다거나 펭귄이 하늘을 날고 있다는 신문 소식을 본 적이 있다. 악의 없는 거짓말이지만 잘못하면 사람들의 마음을 다치게 할 수 있다. 심지어 ( )고 하는 거짓말을 하면 절대 안 된다.

① 소방서에 불이 났다   ② 고양이를 키우고 있다

③ 펭귄과 인터뷰를 했다   ④ 열심히 공부하면 시험에 합격한다

18.

> 복수가 인기다. 남에게 당했던 해를 되갚아주는 것을 복수라고 하는데 문학, 드라마, 영화에서 쉽게 다루어지고 있다. 이 주제가 다양한 매체에서 다루어지는 이유는 피해자가 학창시절에 이유 없이 가해자로부터 여러 모양의 폭력을 당했기 때문이다. 이는 사회의 실제 모습을 반영한 것인데 학창 시절에 (   ) 가르치는 것처럼 보인다.

① 어떻게 살아야 하는지　　　② 공부를 열심히 해야 하는지

③ 사람을 도와주어야 하는지　　④ 운동을 제대로 익혀야 하는지

※ [19~20] 다음을 읽고 물음에 답하십시오. (각 2점)

> 주지하듯이, 기업의 목표는 이윤추구이다. 이익을 많이 남겨야 한다는 말이다. 그러나 단지 이윤추구만 추구한다면 위대한 기업에 도달할 수 없다. 윤리적으로는 투명하고 사회에는 책임 있게 경영한다는 윤리경영이 필요하다. (   ) 자연을 포함한 환경을 보호할 뿐만 아니라 적극적으로 자연과 인간이 함께 살 수 있는 차원까지 고려해야 한다.

19. (   )에 들어갈 말로 가장 알맞은 것을 고르십시오.

① 또한　　　　② 또는　　　　③ 그래도　　　　④ 그러면

20. 윗글의 주제로 가장 알맞은 것을 고르십시오.

① 기업은 우선 이윤만을 추구해야 한다.

② 기업은 윤리적인 내용을 광고해야 한다.

③ 기업은 사회에 봉사하는 자세를 지닌다.

④ 기업은 여러 차원의 목표를 고려해야 한다.

※ [21~22] 다음을 읽고 물음에 답하십시오. (각 2점)

> (   ) 학교 폭력이 갈수록 문제가 되고 있다. 학교 폭력 가해자는 피해자에게 욕설뿐만 아니라 표정, 눈짓, 행동으로 해를 가하고 있다. 이에 대한 문제 해결 방안을 정부가 내놓고 있다. 그러나 그에 대한 실효성이 없었다. 이제는 교육부, 학교, 학부모가 학교에서 폭력이란 불가능함을 보여주어야 할 때가 왔다.

21. (   )에 들어갈 말로 가장 알맞은 것을 고르십시오.

① 이를 가는   ② 발목을 잡는

③ 골치가 아픈   ④ 손을 떼는

22. 윗글의 내용과 같은 것을 고르십시오

① 학교 폭력은 학교에서 가장 큰 문제이다.

② 지금은 학교 폭력 문제를 실효성 있게 풀어야 한다.

③ 학교 폭력은 욕, 행동 등으로 피해자에게 가해진다.

④ 정부는 지금까지 학교 폭력을 해결하려고 하지 않았다.

※ [23~24] 다음을 읽고 물음에 답하십시오. (각 2점)

> 늦게나마 공부를 한다고 대학원에 입학했다. 남편과 아이들은 나를 응원해 주었다. 논문들을 읽고 정리해야 하고 거기에 내 주장까지 말해야 한다. 이게 도통 어려운 게 아니었다. 나보다 나이 어린 동학들은 평소에는 잘 해주었지만 수업 발표 시간에는 눈물이 쏙 나도록 비판도 해 주었다. 그때마다 속으로 부들부들 떨며 나는 꼭 좋은 논문을 쓸 것이라고 다짐하고 다짐하였다. 밤잠 설치며 논문 초고가 완성되고 여러 번의 발표 끝에 논문을 완성하고 <u>드디어 학위를 받게 되었다.</u> 이 모든 것이 내 가족, 동학들이 있었기 때문이다.

23. 밑줄 친 부분에 나타난 '나'의 심정으로 가장 알맞은 것을 고르십시오.

　① 답답하다　　　　　　　　② 후련하다

　③ 민망하다　　　　　　　　④ 서운하다

24. 윗글의 내용과 같은 것을 고르십시오.

　① 남편의 응원으로 대학원에 입학하게 되었다.

　② 논문을 읽고 정리하는 것은 그렇게 어렵지 않았다.

　③ 발표 시간에는 웃으며 서로 힘을 주는 시간이었다.

　④ 논문 초고를 쓰고 한 번의 발표 후에 논문이 완성되었다.

※ [25~27] 다음 신문 기사의 제목을 가장 잘 설명한 것을 고르십시오. (각 2점)

25. | 인주시 시장, 취약계층 위한 '집집마다 똑똑' 사업 현장 방문 |

① 인주시 시장은 힘든 사람들과 함께 집집을 확인하고 격려했다.

② 인주시 시장은 어려운 사람들 중에 똑똑한 사람을 찾기 위해 방문했다.

③ 인주시 시장은 어려운 사람들의 집을 직접 확인하는 사업 현장을 방문했다.

④ 인주시 시장은 힘든 사람들에게 경제적 도움을 주기 위해 집들을 방문했다.

26. | 주택 매매 사기에 대한 의견, 여야에 따라 엇갈려 |

① 주택 사기에 대해서 여당과 야당은 의견이 나뉘었다.

② 주택 사기에 대한 의견은 여당과 야당이 의견이 같다.

③ 주택 사기에 대해서 여당과 야당은 새로운 의견을 제시했다.

④ 주택 사기에 대해서 여당과 야당은 범인을 처벌해야 한다고 주장했다.

27. | 고급 외제차 훔친 철없는 10대, 상가 들이받고 붙잡혀 |

① 세상일을 모르는 10대가 외제차를 훔친 후 가게를 들이받고 붙잡혔다.

② 세상일을 배우는 10대가 외제차를 훔치고 나서 가게를 들이받고 잡혔다.

③ 세상일을 배우는 10대가 외제차를 빌려 탄 후 운전을 잘못해 붙잡혔다.

④ 세상일을 모르는 10대가 비싼 외제차를 빌리고 가게에 부딪힌 다음 붙잡혔다.

※ [28~31] (   )에 들어갈 말로 가장 알맞은 것을 고르십시오. (각 2점)

28.

　　최근 한 코미디 드라마가 인기이다. 코미디 드라마라고 하면 장면마다 과장된 관계나 설정이 웃음으로 이어져야 한다. 그런데 이 드라마는 그러한 과장된 웃음에 멈추지 않는다. 그와는 다르게, 과거의 굳어 있는 가치관보다는 현재의 변화하고 있는 가치관을 명확하게 시청자에게 제시하고 있다. 특히, 가족의 개념에 대해 과거와 다른 생각을 말한다. 이렇듯, 진짜 가족이란 혈연을 뛰어 넘어 (   ) 사람들의 연대라는 점을 곳곳에서 설득력있게 보여주고 있다.

① 운동을 좋아하는　　　　　　　② 책을 읽어야 하는

③ 같은 생각을 가진　　　　　　　④ 코미디를 즐길 줄 아는

29.

　　책을 한 권 읽어서 무엇을 알겠냐는 사람이 있다. 물론, 많은 독서를 통해야 제대로 된 지식을 얻을 수 있다. 그러나 흔하지는 않지만 책 한 권이 삶을 바꾸기도 한다. "몇 권의 책으로 생각과 삶이 달라질 수 있었는가?"라는 질문에 대한 설문 조사 결과, "5~6권의 책으로 특정 지식을 얻고 생각을 바꾸었다."는 응답이 45%로 가장 많았다. 하지만 "1권의 책으로 큰 감동을 하게 되어 (   ) 했다."는 응답도 3%가 있었다.

① 음악을 듣기로　　　　　　　　② 삶을 다르게 살기로

③ 더 많은 책을 읽기로　　　　　④ 생각을 바꾸지 않기로

30.

> 주식은 한 회사에서 발행한 유가 증권을 말한다. 따라서 개인이 한 회사의 주식을 구매하면 그 기업에 대해 일정 지분의 소유권을 가지게 된다. 그 기업의 주식이 오르면 개인은 돈을 벌게 되는 시스템이다. 그런데 최근 개인 주식 투자자들이 늘면서 증권 사기 피해가 급증하는 것으로 알려졌다. 전년도에 비해 약 3배가 증가했다. 이렇게 증가한 이유는 주식을 팔 때와 살 때를 알려주는 이들이 (   ) 때문이다.

① 바르게 알려주기   ② 거짓으로 알려주기

③ 복잡하게 알려주기   ④ 천절하게 알려주기

31.

> 비교는 다른 두 가지를 견주어 보는 것이다. 여기에서 중요한 것은 단순히 두 가지의 같은 점과 다른 점이 아니라 목적이 무엇이냐이다. 예전의 비교문학은 어느 작품이 어느 작품에 영향을 끼쳤느냐가 중시되었다. 영향을 준 작품은 우월하고 영향을 받은 작품은 열등하다는 것이다. 그러나 최근에는 두 작품은 다양한 면을 가지되 (   ) 작품으로 이해되고 있다.

① 단일한 가치의   ② 입장 차이가 큰

③ 동등한 가치를 가진   ④ 동일하지 않은 가치를 가진

※ [32~34] 다음을 읽고 글의 내용과 같은 것을 고르십시오. (각 2점)

32.
> 고양이는 인간과 의사소통을 할 수 있는데 '야옹'이라는 말이 대표적인 표현이다. 어른 고양이는 자기 주인을 비롯한 인간에게 야옹 소리를 낸다. 그런데 고양이끼리는 야옹 보다는 특이한 소리를 주로 내면서 의사 표현을 한다. 물론, 그러한 다른 소리는 고양이를 키우다 보면 야옹 이외 소리의 의미를 대강 알아듣게 되는 주인들도 많다. 고양이에게 야옹이라는 표현은 사람과 소통하기 위해 발달된 표현이라고 할 수 있다.

① 고양이끼리도 야옹 소리의 강약으로 의사소통을 하고 있다.

② 야옹 소리는 고양이가 자기 주인과 사람들에게 하는 말이다.

③ 고양이는 인간과 여러 언어 표현으로 의사소통을 하고 있다.

④ 고양이를 키운다고 해도 야옹 소리 이외의 다른 말은 이해할 수 없다.

33.
> 하늘이 미세먼지로 뒤덮여 뿌옇게 될 때가 있다. 이런 시기에 미세먼지는 현대인의 일상을 위협한다. 한국의 미세먼지 오염도는 다른 나라에 비해 상당히 높은 것으로 알려졌지만 시민들은 미세먼지의 심각성에 대해 염려하지 않는 듯하다. 만약 미세먼지가 몸속으로 침투하면 면역세포가 미세먼지를 제거하려고 하는데 이때 천식, 호흡기, 심혈관계질환 등이 유발될 수 있다고 한다. 또한 암도 미세먼지에 의해 발병하는 것으로 보고되고 있다. 정부는 미세먼지에 대한 제도적 물리적 대책을 강구하는 동시에 미세먼지의 부정적인 면을 구체적으로 시민들에게 알려야 할 것이다.

① 미세먼지는 현대인의 삶을 위협한다.

② 한국의 미세먼지는 다른 나라에 비해 적다.

③ 미세먼지를 마시면 심혈관계질병만 발병한다.

④ 정부는 미세먼지에 대해 충분한 논의를 펼쳐야 한다.

34.

> 요즘 인터넷으로 신문을 보면 가독성을 높이려고 애쓴 흔적을 발견하게 된다. 한 신문에서는 독자에게 두 세 문장을 보여주고 그만큼 공간을 띄운다. 단락하고 관계 없이 그렇게 한다. 이렇게 함으로써 독자는 눈에 힘을 주지 않아도 편안하게 글자를 읽을 수 있다. 이뿐만이 아니다. 신문 기사에서 중요한 부분을 굵은 글씨로 표시하기도 한다. 이렇게 하면 바쁜 현대인이 중요한 부분을 빨리 읽을 수 있다.

① 신문에서는 독자에게 단락별로 기사를 보여준다.

② 인터넷 신문은 가독성보다는 신속성이 중요하다.

③ 중요 내용을 굵게 표시하여 현대인이 빨리 읽을 수 있다.

④ 독자들은 문장과 문장 사이 공간이 있더라도 신경을 써서 읽어야 한다.

※ [35~38] 다음을 읽고 글의 주제로 가장 알맞은 것을 고르십시오. (각 2점)

35.

> 외국인을 이해하기 위해서는 그 나라 문화를 알아야 한다. 사람이 처음 만났을 때 어느 나라 사람들은 미소를 띤 채로 시선을 맞추면서 적극적으로 이야기를 하는 사람이 있는가 하면 어느 나라 사람들은 고개를 숙이면서 시선을 회피하면서 말을 하는 사람들도 있다. 이러한 현상은 문화 차이 때문에 생긴 것이지 사람에 따른 호불호 때문에 그렇게 표현하는 것이 아니다. 따라서 문화를 알아야 사람을 알 수 있다.

① 문화를 알아야 외국인을 이해할 수 있다.

② 처음 사람을 만나면 눈을 빤히 바라보아야 한다.

③ 시선을 회피하면서 이야기를 하는 것은 좋지 않다.

④ 문화 차이는 사람에 대한 호불호를 낳게 되므로 주의한다.

36.

> 가족 구조의 변화는 소비 변화에 별 영향을 주지 못한다고 한다. 물론, 대가족에서 핵가족 형태로 변화했을 때 소비 형태는 그다지 변하지 않았을지도 모른다. 그러나 1인 가구의 등장과 확산은 소비 형태에 상당한 변화를 이끌고 있다. 편의점에서 판매되는 물건들은 상당수 1인 가구를 겨냥해서 출시된 것이다. 뿐만 아니라 1인 가구용 아파트, 전자 제품 등이 날개 돋친 듯 판매되는 것도 1인 가구가 지금까지와는 다른 소비 구조를 바꾸고 있다는 증거가 된다.

① 편의점은 1인 가구를 위해서 물건을 팔고 있다.

② 가족 구조가 달라지더라도 소비 형태는 동일하다.

③ 1인 가구가 많아지게 되자 소비 형태가 달라지게 되었다.

④ 최근에 1인 가구를 위한 아파트와 전자제품 판매가 시작되었다.

37.

> 몸 건강을 위해서 운동을 하자는 말은 어느새 식상한 말이 되어 버렸다. 현대인의 건깅 목표가 날씬한 몸이나 우락부락한 몸을 만들기에서 멈추어 버렸다. 그러나 운동의 진정한 목표는 평화로운 정신을 만드는 것이다. 마음이 평화 속에 있어야 몸 건강도 추구할 수 있는 것이기 때문이다. 궁극적으로 운동은 현대인의 강력한 적인 우울증으로부터도 쉽게 벗어날 수 있다.

① 운동은 몸 건강을 위해 있는 것이다.

② 달리기는 날씬한 몸을 만드는데 그만이다.

③ 평화스러운 마음 만들기가 운동 목표가 되어야 한다.

④ 현대인의 우울증은 운동을 통해서도 극복할 수 없다.

38.

> 뉴스라고 하면 사실에 기반한 중요하고 새로운 소식을 말한다. 그런데 요즘 인터넷과 스마트폰이 등장한 이후에 가짜 뉴스가 시민들을 현혹하고 있다. 가짜 뉴스를 만드는 사람들은 자신의 이익을 위해 소식과 사실을 왜곡하여 사람들에게 제공한다. 따라서 뉴스를 접할 때는 뉴스의 주장과 사실을 따져서 진실인지를 확인해야 한다. 그렇게 할 때 가짜 뉴스가 서서히 사라질 것이다.

① 뉴스는 사실로 말하는 새로운 소식이다.

② 요즘 가짜 뉴스가 시민들을 유혹하고 있다.

③ 가짜 뉴스를 만드는 사람은 사실을 왜곡한다.

④ 뉴스를 볼 때 뉴스의 주장과 사실을 따져야 한다.

※ [39~41] 주어진 문장이 들어갈 곳으로 가장 알맞은 것을 고르십시오.(각 2점)

39.

| 이 버거는 식물성 버거 빵과 식물성 대안육을 100% 사용하고 있다. |

　　식물성 버거가 젊은이들에게 인기를 끌고 있다. (　㉠　) 나아가 식물성 치즈까지 사용해서 소비자에게 제공하고 있다. (　㉡　) 이러한 식물성 재료뿐만 아니라 기존에 나와 있는 버거와 비교해 보아도 맛이나 육질이 손색없어 재구매로 이어지고 있다. (　㉢　) 버거 가게에서는 앞으로도 여러 종류의 식물성 버거를 만들겠다고 밝히고 있어 앞으로 버거 시장의 귀추가 주목된다. (　㉣　)

① ㉠　　　　　② ㉡　　　　　③ ㉢　　　　　④ ㉣

40.

| 대체휴일 기간에 여행을 가거나 스포츠를 관람한다면 그에 따른 국가 경제는 살아날 수 있다는 것이다. |

　　(　㉠　) 국정공휴일이 토, 일요일과 같은 주말에 겹쳐 있을 경우 그 다음주 월요일에 쉴 수 있는 '대체공휴일' 제도가 신설되었다. (　㉡　) 이 제도는 직장인들에게는 쉬거나 재충전하는 기회가 되어 환영을 받았다. 반면에 경영자들은 인건비가 지출되고 생산성이 하락된다는 이유로 반대하였다. (　㉢　) 하지만 국가 경제적인 시각에서 보자면, '대체공휴일'은 경제 효과를 발생하므로 긍정적으로 평가된다. (　㉣　)

① ㉠　　　　　② ㉡　　　　　③ ㉢　　　　　④ ㉣

41.

> 그리고 그들의 시각에서 파괴되는 자연을 무섭게 응시하고 있다.

> 등단 40년을 맞는 정하나 시인의 신작 시집 〈코끼리가 살 곳은 없다〉는 자연을 파괴하는 인간의 죄악을 고발하고 있다. (㉠) 이 시인은 인간이 만들어 낸 쓰레기를 먹는 새들, 갈 곳 잃은 펭귄들과 바다 사자들, 멸종되어 가는 동물들을 보여준다. (㉡) 이 동물들은 말을 못하고 죽어가지만, 결국 이들이 인간의 심판자가 아닐까 생각된다. (㉢) 시인은 냉정하고도 간절하게 종말의 언어로 조용히 또한 격렬히 말하고 있다. (㉣)

① ㉠   ② ㉡   ③ ㉢   ④ ㉣

> "삼만 원, 삼만 원" 학교 앞은 꽃다발을 파는 사람들로 복잡했다. 4년 동안 다닌 학교는 오늘이 마지막이었다.
>
> "이따가 저녁 6시에 학교 정문에서 만나기로 했으니까 이따 보자." 정원이는 '이따'라는 말을 두 번이나 써가면서 동기 모임을 이야기했다. 그래. 이따가 꼭 보자.
>
> 할머니를 모시고 아버지, 어머니가 오셨다. 학교 상징인 이사장 동상 앞에서 사진을 찍었다.
>
> 학교 대강당에서 졸업식이 거행된다고, 거기로 모여달라고 학교 방송에서 말했다.
>
> "졸업생 여러분, 여러분의 졸업을 진심으로 축하드립니다. 여러분은 우리나라의 기둥이며 우리나라를 이끌어갈 지도자입니다. 앞으로 사회 각 분야에서 빛과 소금이 되어주십시오. 감사합니다."
>
> 총장의 말은 의미는 깊었으나 이상하게도, 내 귀에 들어오지는 않았다.
>
> 졸업식이 끝나고 캠퍼스를 천천히 걸어 내려오면서, <u>'아, 이제 드디어 끝났구나'와 '벌써 끝난거야?'하는 생각이 동시에 들었다.</u> 할머니, 아버지, 어머니와 중국집에 가서 점심을 먹어야 한다.

42. 밑줄 친 부분에 나타난 '나'의 심정으로 가장 알맞은 것을 고르십시오.

    ① 먹먹하다   ② 홀가분하다   ③ 시원섭섭하다   ④ 기대에 들뜨다

43. 윗글의 내용으로 알 수 있는 것을 고르십시오.

    ① 꽃다발 가격은 모두 삼만 원이었다.

    ② 정원이는 동기 모임에서 꼭 만나자고 했다.

    ③ 우리 가족은 학교 앞 정문에서 사진을 찍었다.

    ④ 점심은 학교 앞의 삼겹살 집에서 먹기로 했다.

※ **[44~45] 다음을 읽고 물음에 답하십시오. (각 2점)**

> 남자와 여자가 학교에서 같이 공부하면 공부에 집중하지 못한다는 이유로 중학교, 고등학교, 심지어는 대학교에서도 남자와 여자로 나누어 공부하는 학교들이 있다. 그러나 (   )는 생각은 잘못된 것이다. 실제로는 남자학교, 여자학교를 남녀공학 학교와 비교해보면 학업 성취도가 그렇게 차이가 나지 않는다. 더군다나 남학생과 여학생이 서로를 신경 써서 공부하기 때문에 각각 더 뛰어난 과목도 나타난다. 다른 시각에서 보면, 남녀공학 학교에서는 남녀가 사회적으로 어떻게 행동하고 말해야 할지에 대해서도 자연스럽게 배울 수 있다. 남녀가 같이 공부하면 성적도 사회성도 기를 수 있어서 앞으로도 이러한 학교를 더 많이 만들어야 한다.

44. (   )에 들어갈 말로 가장 알맞은 것을 고르십시오.

① 공부에 집중하지 못한다　　　　② 뛰어난 집중력을 보인다

③ 남녀가 연애에 집중한다　　　　④ 남자학교가 줄어들고 있다

45. 윗글의 주제로 가장 알맞은 것을 고르십시오.

① 여자학교가 남자학교보다 학업 성취도가 높게 나타난다.

② 남녀가 학교에서 같이 공부하면 학업에 관심이 없게 된다.

③ 남자학교에서는 말하는 법, 행동하는 법을 깊에 배울 수 있다.

④ 남녀공학을 하게 되면 성적도 높아지고 사회성도 신장할 수 있다.

시금치마켓은 동일 지역 내에서 중고 거래 등을 할 수 있도록 한 생활정보 애플리케이션(앱)이다. 즉, 이 앱을 가지고 가까운 지역에서 물건을 중고 거래할 수 있고 특정한 문제에 대해 질문하고 그에 대한 답변도 얻을 수 있다. 최근 중고 거래 실태조사에 따르면 이 시금치마켓의 이용자 수가 타 중고 거래 애플리케이션 사용보다 가장 많음이 확인되었다. 이러한 국내 최고의 마켓에서 거래를 하고 싶은 사람은 사실상 그 지역 동네에 사는지에 대한 인증이 필요하다. 인증한 후에 같은 동네에서 인증한 이웃들과 거래를 시작할 수 있다. 상대방과 거래를 하기 전에 상대방의 매너 온도를 확인하는 것도 필수적이다. 매너온도는 시금치마켓 내의 여러 활동을 종합적으로 평가해 정해진다. 올바른 매너, 친절한 채팅 등 따뜻한 거래를 여러 번 한 이웃은 매너 온도가 높다. 따라서 거래 전 매너 온도가 낮다면 프로필의 인증 횟수, 재거래 희망률, 후기 등을 꼼꼼히 살펴보고 거래를 해야 한다.

46. 윗글에 나타난 필자의 태도로 가장 알맞은 것을 고르십시오.

   ① 시금치마켓을 사용할 때 발생하는 문제점을 경고하고 있다.

   ② 시금치마켓을 이용할 때 다른 동네에 대해 분석하고 있다.

   ③ 시금치마켓을 거래할 때 확인해야 할 사항을 제시하고 있다.

   ④ 시금치마켓의 채팅 프로그램의 문제 해결 방안을 요청하고 있다.

47. 윗글의 내용과 같은 것을 고르십시오.

   ① 시금치 마켓에서는 시금치와 같은 채소를 위주로 판다.

   ② 이 애플리케이션에서는 중고거래와 데이트 상대자 소개를 한다.

   ③ 거래를 하기 전에는 거래 상대방의 매너 온도를 확인해 보아야 한다.

   ④ 매너 온도가 낮은 사람과 거래하려면 인증 횟수, 재거래 희망률 등만 확인한다.

※ [48~50] 다음을 읽고 물음에 답하십시오. (각 2점)

최근 피의자 신상공개 제도가 피의자에 의해 악용되고 있다는 지적이 나오고 있다. 피의자 신상공개 제도란 특정 강력 범죄의 처벌에 관한 특례법 등에 따라 피의자의 얼굴 등 신상에 관한 정보를 공개할 수 있도록 한 것을 말한다. 이 제도는 특정 조건 아래에서만 시행될 수 있는데 공개를 할 때에는 피의자의 인권을 고려하여 신중하게 결정해야 한다는 것이다. 그러나 최근 한 피의자가 피해자에 대한 복수를 언급했다는 사실은 신상공개 제도가 누구를 위한 것인지 묻지 않을 수 없게 한다. 피의자 신상공개 제도는 피의자보다 피해자를 위한 제도여야 한다. 따라서 피의자가 피해자에게 잔혹한 범죄를 저지른 것이 분명하다면 (   ). 이렇게 해야만 추가적인 보복이나 범죄를 방지할 수 있으며 피해자와 그 가족의 고통도 경감될 수 있을 것이다. 이에 더하여 국민의 알 권리도 충족될 수 있을 것이다.

48. 윗글을 쓴 목적으로 가장 알맞은 것을 고르십시오.

① 신상공개 제도의 필요성을 설명하기 위하여

② 피해자를 위한 신상 공개를 주장하기 위하여

③ 신상공개 제도의 정부측 주장을 지지하기 위하여

④ 신상공개 제도의 구체적인 적용 방안을 제시하기 위하여

49. (   )에 들어갈 말로 가장 알맞은 것을 고르십시오.

① 피의자를 심문해야 한다

② 즉각 신상을 공개해야 한다

③ 신상 공개에 대해 재고해야 한다

④ 피해자도 인권이 있음을 알아야 한다

50. 윗글의 내용과 같은 것을 고르십시오.

① 피의자 신상공개 제도가 피해자에 의해 악용되고 있다.

② 피의자 신상공개 제도는 피의자의 손과 발을 공개하는 것이다.

③ 피의자 신상공개 제도는 피의자의 인권을 무시하고 실행되고 있다.

④ 피의자 신상공개 제도는 피해자를 위한 제도로 바뀌어 피해자에게 신상을 공개해야 한다.

해답

Ⅰ. 읽기(1)

1. 알맞고 비슷한 문법 표현 고르기

연습 문제 p.20

1.	②	2.	②	3.	②	4.	①	5.	①
6.	②	7.	①	8.	①	9.	②	10.	①
11.	①	12.	②	13.	①	14.	①	15.	②
16.	②	17.	①	18.	①	19.	①	20.	①

실전 문제 p.23

1.	③	2.	①	3.	②	4.	②	5.	③
6.	③	7.	④	8.	④	9.	④	10.	③
11.	②	12.	④	13.	③	14.	①	15.	①
16.	②								

2. 무엇에 대한 글인지 고르기

연습 문제 p.32

1.	②	2.	②	3.	②	4.	②	5.	②
6.	①	7.	②	8.	①	9.	②	10.	②
11.	①	12.	①	13.	①	14.	②	15.	①
16.	②								

실전 문제 p.36

1.	③	2.	②	3.	④	4.	②	5.	③
6.	④	7.	③	8.	②	9.	②	10.	③
11.	②	12.	③						

3. 글 또는 그래프와 같은 내용 고르기

연습 문제 p.47

1.	②	2.	②	3.	②	4.	①	5.	②
6.	①	7.	②	8.	①	9.	②	10.	②
11.	②	12.	②	13.	②	14.	②	15.	②
16.	②								

실전 문제 p.55

1.	③	2.	③	3.	③	4.	③	5.	④
6.	①	7.	④	8.	④	9.	④	10.	②
11.	④	12.	①						

4. 맞는 순서 배열 고르기

연습 문제 p.64

1.	②	2.	②	3.	①	4.	①	5.	②
6.	①	7.	②	8.	①	9.	②	10.	①
11.	②	12.	①						

실전 문제 p.68

1.	②	2.	②	3.	①	4.	③	5.	①
6.	②	7.	④	8.	②	9.	①		

5. (   )에 들어갈 말 고르기

연습 문제 p.74

1.	①	2.	②	3.	②	4.	①	5.	①
6.	②	7.	①	8.	①	9.	②	10.	①
11.	②	12.	①						

실전 문제 p.78

1.	③	2.	④	3.	②	4.	①	5.	②
6.	①	7.	②	8.	①	9.	①		

6. 부사어, 주제 고르기

연습 문제   p. 85

1.	①	2.	②	3.	②	4.	①	5.	②
6.	①								

실전 문제   p. 87

1.	②	2.	④	3.	②	4.	④	5.	④
6.	①								

7. 관용어, 같은 내용 고르기

연습 문제   p. 95

1.	②	2.	②	3.	①	4.	②	5.	①
6.	①	7.	①	8.	①				

실전 문제   p. 97

1.	③	2.	④	3.	③	4.	③	5.	④
6.	③								

8. 심정어, 같은 내용 고르기

연습 문제   p. 104

1.	②	2.	②	3.	①	4.	①	5.	②
6.	②	7.	①	8.	①				

실전 문제   p. 108

1.	①	2.	③	3.	③	4.	④	5.	③
6.	③								

II. 읽기(2)

1. 신문 기사 제목 설명한 것 고르기

연습 문제　p. 118

1.	①	2.	②	3.	①	4.	①	5.	②
6.	②	7.	①	8.	②	9.	②	10.	①
11.	①	12.	②						

실전 문제　p. 120

1.	①	2.	①	3.	③	4.	③	5.	④
6.	②	7.	②	8.	③	9.	②		

2. (　)에 들어갈 말 고르기

연습 문제　p. 128

1.	②	2.	①	3.	①	4.	②	5.	②
6.	①	7.	②	8.	②				

실전 문제　p. 131

1.	③	2.	②	3.	③	4.	②

3. 내용이 같은 것 고르기

연습 문제　p. 139

1.	①	2.	①	3.	②	4.	②	5.	①
6.	②	7.	①	8.	①	9.	①		

실전 문제　p. 144

1.	④	2.	②	3.	④	4.	①	5.	③
6.	②								

4. 알맞은 주제 고르기

연습 문제　p. 151

1.	①	2.	①	3.	②	4.	②	5.	①
6.	②	7.	②	8.	②	9.	②	10.	②

실전 문제　p. 156

1.	④	2.	②	3.	③	4.	③	5.	④
6.	③								

5. 주어진 문장 들어가는 곳 고르기

연습 문제　p. 163

1.	②	2.	①	3.	①	4.	②	5.	①
6.	②	7.	①	8.	②				

실전 문제　p. 167

1.	②	2.	③	3.	②	4.	④	5.	①

6. 심정어, 알 수 있는 내용 고르기

연습 문제　p. 176

1.	②	2.	②	3.	①	4.	①	5.	②
6.	①	7.	①	8.	②				

실전 문제　p. 181

1.	①	2.	④	3.	②	4.	④	5.	④
6.	③								

7. (　)에 들어갈 말, 주제 고르기

연습 문제　p. 188

1.	②	2.	②	3.	②	4.	①	5.	①
6.	②	7.	①	8.	①				

실전 문제　p. 192

1.	②	2.	④	3.	①	4.	②	5.	②
6.	④								

8. 필자의 태도, 같은 내용 고르기

연습 문제　p. 200

1.	②	2.	②	3.	②	4.	②	5.	①
6.	①	7.	②	8.	②				

실전 문제　p. 204

1.	④	2.	②	3.	③	4.	③	5.	①
6.	②								

9. 목적, (　)에 들어갈 말, 같은 내용 고르기

연습 문제　p. 211

1.	②	2.	②	3.	①	4.	②	5.	①
6.	②	7.	②	8.	②	9.	①	10.	②
11.	①	12.	②						

실전 문제　p. 215

1.	④	2.	②	3.	②	4.	③	5.	②
6.	②	7.	④	8.	②	9.	①		

Ⅲ. 실전 고사 1회

1.	④	2.	③	3.	③	4.	④	5.	①
6.	③	7.	②	8.	③	9.	③	10.	③
11.	②	12.	②	13.	②	14.	①	15.	②
16.	④	17.	①	18.	①	19.	①	20.	④
21.	③	22.	②	23.	②	24.	①	25.	③
26.	①	27.	①	28.	③	29.	②	30.	②
31.	③	32.	②	33.	①	34.	③	35.	①
36.	③	37.	③	38.	④	39.	①	40.	④
41.	②	42.	③	43.	②	44.	①	45.	④
46.	③	47.	③	48.	②	49.	②	50.	④